Geschichte: Eine Theorie

Karl H. Metz

Geschichte: Eine Theorie

PETER LANG
EDITION

Bibliografische Information der Deutschen Nationalbibliothek
Die Deutsche Nationalbibliothek verzeichnet diese Publikation
in der Deutschen Nationalbibliografie; detaillierte bibliografische
Daten sind im Internet über http://dnb.d-nb.de abrufbar.

ISBN 978-3-631-66504-6 (Print)
E-ISBN 978-3-653-05775-1 (E-Book)
DOI 10.3726/978-3-653-05775-1

© Peter Lang GmbH
Internationaler Verlag der Wissenschaften
Frankfurt am Main 2015
Alle Rechte vorbehalten.
Peter Lang Edition ist ein Imprint der Peter Lang GmbH.

Peter Lang – Frankfurt am Main · Bern · Bruxelles ·
New York · Oxford · Warszawa · Wien

Diese Publikation wurde begutachtet.

www.peterlang.com

Inhalt

Wozu Geschichtstheorie? 7

1 Wissen 11
   1.1 Physik 12
   1.2 Biologie 14
   1.3 Geschichte 16
   1.4 Summe 19

2 Theorie 21
   2.1 Gesellschaft 21
   2.2 Geschichte: Prozess 32
   2.3 Geschichte: Struktur 46
   2.4 Summe 53

3 Philosophie 57
   3.1 Anthropologie 57
   3.2 Politische Philosophie 62
   3.3 Geschichtsphilosophie 74
   3.4 Summe 83

4 Praxis 85
   4.1 Zivilisation 85
   4.2 Kinesis 91
   4.3 Summe 97

5 Minima historia 103
   5.1 Anamnesis 103
   5.2 Summa summarum 115

Literatur-Hinweis 129

Wozu Geschichtstheorie?

Hat die Vergangenheit noch eine Zukunft? Oder unterscheidet sich diese Zukunft im Vorzeichen digitaler Vernetzung in einer Weise von allem Vergangenen, dass sich Rückfragen kaum lohnen? Tritt der lange, die Zivilisation begründende Vorgang einer Auslagerung des Wissens in Artefakte in ein Stadium ein, in dem die vertikale Ordnung des Wissens – gemäß der (chronologischen) Zeit – als wesentliches Kriterium verschwindet und durch eine horizontale Weitung ersetzt wird, in der Zusammenhänge durch Suchbegriffe entstehen und zerfallen: ein Stadium, in dem die zunehmende Beschleunigung der technisch-gesellschaftlichen Prozesse mit ihrer Dekonstruktion noch verbliebener Traditionsbestände und ihrer – durch Algorithmen erfolgenden – elektronischen Analyse exponentiell wachsender Datenmengen die Vergangenheit obsolet werden lässt, bedeutungslos für eine Permanenz der Gegenwart, die wie ein schwarzes Loch alle Zeit, alle Bedeutung in sich hineinzieht? Das ist eine Möglichkeit, die den Historiker zwingt, sein Verschwinden zu bedenken. Gewiss, dieses Verschwinden wird schrittweise vor sich gehen. Als Erzählung von merkwürdigen Geschehnissen mag sie noch unterhalten, wie Kurioses es tut. Als Institution mag sie sich weiterschleppen. Als phraseologische Ausbeute mag sie fortbestehen, solange sie geschichtspolitische Zinsen abwirft. Doch so, wie das Bedeutungspotential der Religion weitgehend ausgelaugt ist, wird es jenes der Geschichte auch bald sein. Ein ahistorisches Zeitalter ist möglich, in welchem ein globales „Jetzt" regulativ wird, zusammengesetzt aus globaler Information, globaler Ökonomie, globalem Klimawandel. Die Vergangenheit versinkt in Echtzeit, weil für sie keine Zeit mehr übriggeblieben ist. Das neu sich formierende digitale Bewusstsein könnte eine solche Möglichkeit entfalten, ein schier endloses Gleiten über horizontale Flächen, ein wie unbegrenztes Verfügen über alles, was irgendwie wissbar ist, bis hin zur Präsenz des Toten als „Bot" in einem virtuellen Leben. Mit dem Gedächtnis als Ressource verliert das Wissen seinen Halt in der Vergangenheit, der es für Jahrtausende gekennzeichnet hat. In der elektronischen Moderne wandert es vom nassen Gehirn des Menschen in das trockene einer tragbaren Echtzeit-Apparatur, die Datenmengen verfügbar werden lässt, vor denen jede Gedächtnisleistung lächerlich erscheint. Das Gedächtnis ist eine Investition von (Lebens-)Zeit, das digitale Wissen ist zeitfrei, weil es weder individuell erworben werden muss noch eine feste Gestalt besitzt, ständig veränderbar bleibt. Die für das historische Bewußtsein gründende Unterscheidung von Vergangenheit, Gegenwart, Zukunft löst sich auf und mit ihr die Fremdheit der Zeit, also die Vorstellung der Unumkehrbarkeit als Essenz der menschlichen Existenz.

Dennoch: Die Geschichte, als Geschehen, wird weitergehen, gleich ob man dem Denken darüber noch soziale Bedeutung zuweist. Will man einer solchen Bewusstlosigkeit wehren, muss man einen Schritt über das hinaus- tun, was bislang darunter verstanden worden ist: Eine Wissenschaft der Geschichte zeigt sich dann, welche als Geschichtsschreibung zur Kritik der Geschichtspolitik wird und als Theorie die kategoriale Analyse des sozialen Handelns in der historischen, d. h. irreversiblen Zeit vorbereitet. Wie jede Wissenschaft ist auch sie vom Impuls Kants getrieben, „zu erkennen, was die Welt im Innersten zusammenhält". Wie jede Wissenschaft wird sie vom Monitum Newtons begrenzt, „zu erkennen, was dem Erkennen Grenzen setzt". Jedem Erkennen geht ein Fragen voraus, das sich in seinem Fortgang des Gegenstands durch Definitionen versichert und das in seiner Antwort weiß, dass diese auf Definitionen beruht. Geschichtsschreibung produziert Interpretation als Erzählung in der irreversiblen Zeit, Theorie produziert Interpretation als Begriffsgefüge in der reversiblen Zeit. Die Theorie bietet demnach ein analytisches Gefüge sowohl zum elementaren Verstehen von Geschichte wie zur Herausarbeitung von Strukturen in konkreten geschicht- lichen Abläufen und Zuständen. Wenn im anbrechenden elektronischen Weltalter des Wissens nicht länger die Beschaffung von Informationen zum Problem wird, sondern deren Durchdringung, dann muss die Theorie zur Bedingung werden für ihr Gelingen.

Geschichte ist Zeit, Raum, Leben. Als Zeit ist sie lange Zeit, gemessen in Jahrhunderten, wenn nicht Jahrtausenden. Aus der langen Zeit wächst jene Kontinuität, ohne welche Geschichte, Gesellschaft, die Dauer des sozialen Lebens nicht möglich wären. Als Raum gibt sie diesem Leben Materialität und eine erste, elementare Differenzierung im Umgang mit der Natur. Als Leben füllt sie Zeit und Raum mit Menschenbedeutung, entstehen Netz- werke des sozialen Handelns, die unabsehbare kulturelle Eigendynamiken ausbilden. Geschichte als „Historie", d. h. als Wissen von etwas, das im Jetzt der Gegenwart nur noch indirekt vorhanden ist, wird daher Wissen langer

Zeit, Wissen räumlicher Weite, Wissen großer Vielfalt: Historie hat die Universalgeschichte als Horizont oder sie ist als Denken nicht vorhanden. Als Denken aber hat sie den Impuls zur Theorie, denn nur dort, wo eine geistige Bewegung vom Komplexen zum Einfachen, von der je besonderen Realität zur immer größeren Allgemeinheit des Begriffs möglich wird, vollendet sich das Denken. Denken zielt auf Theorie und Freiheit. Denken heißt daher, vorsichtig zu werden, wenn alle einer Meinung sind, denn dann herrscht stets die Opportunität. Die Zeit der Opportunität jedoch ist die kurze Zeit, die Überwältigung durch das Jetzt. Da die Menschen in der kurzen Zeit ihres physischen Daseins leben, fällt ihnen ein Denken in der langen Zeit so schwer. Das gilt für den „einfachen" Menschen ebenso wie für den machtbesitzenden. Es gilt auch für Historiker, die der Gegenwart liefern, wonach sie verlangt. Ein „Lernen aus der Geschichte" wird auf diese Weise unmöglich, wohl aber die Bestätigung der jeweiligen Gegenwart. Wenn daher aus der Geschichte nichts gelernt wird, so deshalb, weil die Menschen dazu neigen, nur sich bzw. ihre physisch-soziale Existenz im Jetzt wichtig zu nehmen und jede Herrschaft sie darin bestärkt, weil diese nichts als ihren Fortbestand im Jetzt sicherstellen will. Historisches Denken aus der langen Zeit zerbricht die Egomanie des Jetzt, historische Theorie führt zu analytischen Begriffen jenseits der jeweils Herrschaft legitimierenden Dichotomie von Gut und Böse. Dabei besteht zwischen einer entschieden analytischen und einer entschieden moralischen Historie lediglich ein methodologischer Unterschied. Beide fragen nicht nach den Siegern, um sich auf die richtige Seite zu stellen. Sie sind, im Gegenteil, nur konsequent in der Anwendung ihrer Begriffe. Geschichte kann daher „Wissen" werden, vorausgesetzt, sie stellt „tiefe Fragen" und hat keine Angst vor den Antworten. Wer nur „die Geschichte" kennt, kennt auch diese nicht. „Geschichte" kann nicht gelehrt werden, man kann nur dabei helfen, historisch denken zu lernen. Denken bleibt eine Zumutung, die man sich selber abverlangt. Diese Zumutung besteht darin, vom historischen Denken nicht das zu erwarten, was man (moralisch) ohnehin zu wissen glaubt. Der Historiker ist ein Beobachter, der sich unter alle Parteiungen mischt, ohne selbst Parteigänger zu werden. Historisches Denken ist Schutz gegen die Herrschaft der Mehrheitsmeinung. Historisches Denken besteht darin, jeder Vergangenheit „Zukunft" zuzubilligen, d. h. Unsicherheit. Wer nicht gegen den Strom zu schwimmen vermag, wird nichts begreifen (allerdings ist es auch bequemer, sich treiben zu lassen). Kurzum: Historisches Denken ist das Heraustreten aus der Gefangenschaft des Unmittelbaren. Deshalb ist der Historiker einer, der auch wissen will, was zu wissen sich (jeweils) nicht lohnt.

Die Geschichte bildet einen der drei großen Kreise des Wissens, neben der Physik (als dem Wissen von der unbelebten Natur) und der Biologie (als dem Wissen von der belebten Natur). Da die Bedingung allen Wissens der Mensch bleibt, der konkret wird allein in einer jeweils bestimmten historischen Situation, kann man sagen, die Geschichte sei zugleich die übergreifende Wissenschaft. Indem die Geschichte jedoch die Geschichtlichkeit jeglichen Wissens reflektiert, d. h. dessen Relativität nach gesellschaftlich-kulturellen Konstellationen in einer irreversiblen Bewegung der Zeit, lässt sie eine Leerstelle entstehen: Der lebendige Mensch muss handeln, doch dies vermag er nur, wenn er über Maßstäbe verfügt, die ihm „Sinn" vermitteln. Dazu bedarf es eines „Mehr als Geschichte", d. h. der Philosophie, doch einer Philosophie, die im Gespräch mit der Geschichte steht. Die Historizität wird hier zu einer Grenze, an der die Versuchung des Absoluten scheitert, jene Vorstellung, die Gesellschaft richtigstellen zu können: ein- für -allemal. Diese Vorstellung wird auch im digitalen Zeitalter nicht verschwinden.

1 Wissen

Die Welt wird zur Welt des Menschen, weil er es vermag, sie mit „Bedeutung" zu versehen. Deutend richtet sich der Mensch in der Natur ein, versucht ihr Bedeutung für sein Dasein abzunötigen. Mit seiner Forderung an die Natur, für ihn bedeutsam zu sein, setzt er sich nicht nur in Distanz zu ihr, er versetzt zugleich die Natur in den Zustand eines Schuldners, die ihm Erträge wie Erklärung zu geben hat. Deuten ist stets Streben nach Bemächtigung, in Gesten, Worten, in werkzeughaftem Handeln. Technik ist die werkzeughafte Umdeutung der Natur für den Menschen. Sie ist die Genialität der Arbeit und verbindet als solche das Anorganische der Stoffe mit dem Organischen der physischen Kraft und dem Sozialen der Kooperation. In dieser Weise gründet der Mensch „Kultur" als eingelöste Bedeutungsforderung an die Natur. Eine Parallelwelt der „Kunst" entsteht, eine Welt, in welcher die Natur nur insofern noch für den Menschen vorhanden sein soll, als er sie für sich bedeutsam gemacht hat. Die menschliche Kunstwelt dringt in die Natur ein, je stärker die Handlungswucht ihres Deutens wird, d.h. die Technik als Fähigkeit, Natur in Praxis umzuwandeln.

Damit ergeben sich drei Kreise menschlichen Wissens. Es sind dies Physik, Biologie, Geschichte. Physik, Biologie sind Wissenskreise, welche auf Bereiche verweisen, die auch ohne den Menschen vorhanden wären: als Phänomene, wenngleich nicht als Wissen. Geschichte hingegen ist ein Wissen von etwas, das es ohne den Menschen nicht gäbe. Physik, Biologie sind Bestandteile der Geschichte, insoweit sie Wissen sind. Sie entstehen in der Schnittmenge von anorganischer Natur und Geschichte mit dem Impulskern einer Technik der Werkzeuge sowie in der Schnittmenge von organischer Natur und Geschichte mit dem Impulskern von Handlungstechniken wie Ackerbau, Pflanzen- und Viehzucht, Medizin. Die Schnittmenge von Physik und Biologie hingegen wäre mit der Biophysik der Übergangsbereich von der unbelebten zur belebten Materie, in dem die chemische Evolution über Makromoleküle und deren Wechselwirkung die Entstehung von Zellgebilden ermöglichte, welche in die biologische Evolution fortlenkten. Damit wird das Konzept der „Zeit", verstanden als nichtlineare Dynamik, wesentlich und mit ihr die zugeordneten Konzepte der Information,

Rückkoppelung, Komplexität. Der Zeit-Begriff bildet demnach die innerste der vier Schnittmengen, in der sich alle Kreise treffen. Was in der Physik der Entropie-Satz ist, in der Biologie der Evolutions-Satz, das ist in der Geschichte der Historismus-Satz, der besagt, dass man lediglich das Vergangene, nicht das Künftige „wissen" kann. Der Historismus-Satz ist ein Satz über Relativität, dreifach: weil alles Wissen unvollständig bleibt, weil die Zukunft – des nichtlinearen Verzweigungscharakters zeitgerichteter Abläufe wegen – ungewiss bleibt, weil jede Beobachtung, Aussage an den Beobachter gebunden bleibt. Als Satz über das menschliche Wissen schlechthin ist er der umfassendste Satz: Seine Erschütterungen dauern an.

1.1 Physik

„Physik" ist jenes Wissen, das eine Kultur von Materie und Energie besitzt. Sie enthält die Frage nach dem Größten, die Frage nach dem Kleinsten, die Frage nach dem Dazwischen. Der Blick auf den „gestirnten Himmel" ist der älteste, sobald nur der Mensch auf mehr blickt als die schiere Nahrung. Er richtet sich auf das Größte, was ein Auge wahrzunehmen vermag und was dem Zugriff der Hand „ewig" verwehrt bleibt. Das Kleinste jedoch entzieht sich beiden. Sternenbahnen lassen sich beobachten, messen, an ihnen bildet sich das buchhalterische Zählen zur Mathematik fort, dieser großartigsten Form, der Natur eine dem Menschen fassbare „Sprache" abzuringen. Das Kleinste bleibt Spekulation, Jahrtausende lang, weil es keiner Beobachtung, Messung zugänglich ist. Die Frage nach dem Kleinsten ist radikaler als jene nach dem Größten, die in einem Göttlichen endet. Im Kleinsten ist kein Gott mehr, allenfalls Bodenlosigkeit, vor die man das „Atom" stellt, als letztes Stück Stabilität. Das Dazwischen hingegen ist die Sphäre von Hand und Auge, in ihr ist der Mensch bei sich. Hier entsteht die Mechanik als Basis allen physikalischen Wissens. Das Hebelgesetz und seine Verallgemeinerung zum Prinzip für jede „einfache Maschine" ermöglichte die geistige Durchdringung der Arbeitsmaschine als einer Vorrichtung, die Kraft in nutzbare Arbeit übersetzt. Aus einem Beobachtungswissen wird ein Denkwissen (Archimedes, 287–212 v. Chr.). Historisch gesehen blieb die archimedische Leistung allerdings wirkungslos, weil Antike wie Mittelalter der lebendigen Arbeit – wie der in Werkzeugen abgelagerten – die „Ehre" verweigerten. Dahinter wirkte ein Hierarchie-Effekt, der die Arbeit abwertete und ihren Kenntnissen die Anerkennung als „Wissen" verweigerte, denn: Herren arbeiten nicht (sie töten nur). Arbeit und Arbeitswissen blieben im Dazwischen, in der Welt der Körper eingeschlossen. Die schrittweise Hinwendung der Arbeit vom Muskelmotor zur Kunstfertigkeit und die schrittweise Materialisierung der Kosmologie vom Gotteswerk zur Wirksamkeit von Schwerefeldern zerbrechen die Schranke zwischen Schrift, „geistigem" Wissen und Arbeit, „schwitzenden" Kenntnissen. Probieren und Messen, zwei elementare Verfahren des Arbeitens, werden zu elementaren Verfahren einer neuen Physik, welche nach Gesetzen sucht, die „im Himmel wie auf Erden" gleichermaßen gelten, für Planeten wie für Äpfel (I. Newton, 1687). Die Natur wird dann durch Technik nicht mehr mechanisch „überlistet", sie bringt sich vielmehr in den technischen Vorrichtungen zur Geltung, vollendet sich gewissermaßen in den Geräten des Menschen. Drei Schritte sind dabei wesentlich: von der Beobachtung zum Experiment, von der Normalsprache zur Mathematik und von der nachahmenden, okularen Technik zur planenden abstrahierenden Technologie.

Diese neue Physik ist deterministisch und materialistisch. Sie ist im sozialen Bereich der Arbeit angekommen, der auf Kausalitäten drängt, um Sicherheit zu produzieren. Die neuen Maschinen der Industrialisierung entstehen in diesem deterministischen Kontext, mit einem Begriff der Zeit als „leerer Koordinate", als umkehrbaren Vorgang in einer reinen Skalenzeit. Die Dynamik der Industrialisierung aber kommt aus einem neuartigen Typ von Maschine, aus „Feuermaschinen", Kraftmaschinen auf der Basis von Verbrennung. Diese erzwingen ihre physikalische Reflexion in den beiden Hauptsätzen der Thermodynamik und revolutionieren das physikalische Weltbild im Zweiten Hauptsatz, demzufolge bei der Umwandlung von Wärmeenergie in mechanische Arbeit ein irreversibler Ordnungsverlust entsteht, dieser Ablauf also nicht umgekehrt werden kann (R. Clausius, 1850). Wird einem physikalischen System keine neue Energie zugeführt, nimmt sein Ordnungsgrad bzw. Informationsgehalt ab, bis hin zum Zerfall. Dieser Vorgang der „Entropie" bringt einen „Zeitpfeil" in die Physik, in alle Systeme, deren Ordnung von einer Stetigkeit der Energiezufuhr abhängt. Der Zeit-Bogen von der Physik zur Biologie ist geschlagen.

Physik ist das, was Menschen mit ihren Begriffen interpretieren (können). Man weiß das, spätestens seit dem Sturz aus der Vorstellung eines „absoluten", in den Naturgesetzen ausgedrückten Wissens in die Relativität von

Bezugssystemen. Zeit und Raum, Materie und Energie gingen ineinander über (A. Einstein, 1905, 1915) und im Bereich des Kleinsten, der Elementarteilchen musste die leitende Idee eines zu messenden Objekts durch das Zugeständnis ersetzt werden, dass es letztlich die Messung war, die ein Objekt als Messgröße erst erzeugte (W. Heisenberg, 1927). Ein neues, indeterministisches Weltbild entstand. In der Physik ersetzte nicht nur die Wahrscheinlichkeit die Gewissheit, man verstand erstere jetzt auch nicht mehr als Ausdruck einer (noch) unzureichenden Kenntnis der zu untersuchenden Phänomene, sondern als Ausdruck von deren grundlegender Eigenart, eben nicht determiniert zu sein. Kausalitäten entstehen durch das „Herauskürzen" störender Nebenwirkungen. Technische wie technomorphe Abläufe funktionieren nach dieser kausalen Struktur. Wichtig ist nur, dass es gelingt, Nebenwirkungen marginalisieren zu können. Gelang es hingegen nicht, sicherzustellen, dass kleine Ursachen (Störungen) nur kleine Wirkungen hatten, so war das System auf kausale Weise nicht länger zu steuern: Ein Chaos drohte, jederzeit, unvorhersehbar. Dynamische Systeme sind fragil, weil sie sonst nicht dynamisch sein könnten und sie sind es, weil bereits kleine Änderungen in den Anfangsbedingungen immer größere Folgeketten auslösen können (aber nicht müssen) und weil diese Anfangsbedingungen sich ständig verändern, durch Rückkoppelungen, äußere Einwirkungen. Die Anfangsbedingungen werden auf diese Weise ständig „verschmiert". Je dynamischer, verzweigender ein System wird, desto fragiler, innovativer wird es, desto fähiger zur Selbstorganisation. Wesentlich ist dabei die Zufuhr von Energie, der die Informationszustände eines Systems verändert. Ein Zuwachs an Information ist mit einer Abnahme an Entropie im System verbunden, weshalb lebende Systeme als prinzipiell offene allen anderen an Dynamik überlegen sind.

1.2 Biologie

Das Neue ist das Ergebnis nichtlinearer Dynamik in einem offenen System. Diese Dynamik ist zeitgerichtet, unumkehrbar. Sie ist ein Vorgang des ständigen Ungleichgewichts, d. h. ständiger Zufuhr von Energie. Nimmt ein System keine Energie mehr auf, gerät es in einen Zustand des Gleichgewichts, verliert es die strukturierende Information, verfällt es. Zeitgerichtetheit, Ungleichgewicht, Informationszunahme formen eine evolutive Entwicklung aus, in der immer komplexere Lebewesen entstehen. Das Entwicklungs-paradox, wonach Erfolg die stets vorläufige Summe vieler Misserfolge als Lernerfolg ist, bewährt sich nirgends so sehr wie in der Biologie, im ver-schwenderischen Reichtum des Lebens. Ohne diese „Verschwendung" wäre Evolution nicht möglich gewesen. Eine Mutante verdrängt andere, weil sie besser mit den jeweils vorhandenen Umweltbedingungen interagiert, besser aus ihrer Energie Informationen gewinnen kann, sich durch Vermehrung rascher im Raum festzusetzen vermag. Andere Lebensformen verschwinden, d. h. Informationen werden einerseits erhalten (wo sich ein Überlebenswert ergibt), neue kommen hinzu (durch Rückkoppelungen), überflüssig oder hinderlich gewordene verschwinden bzw. werden marginalisiert: Nur durch Lernen, Erinnern, Vergessen zugleich ist eine Optimierung der Information erreichbar.

Die Entstehung belebter, zur Selbstreproduktion fähiger Materie in ka-talytischen Zyklen unter der Einwirkung von Energie und die Wechselwir-kung solcher Zyklen zu „Hyperzyklen" setzt die „molekulare Evolution" in Gang (M. Eigen, 1979), von der dann die Evolution der Arten ausgeht (Ch. Darwin, 1859). Diese Auffassung der belebten Natur als Entwick-lungsgeschehen bringt die „historische" Zeit in die Natur und versetzt sie damit „vom Himmel auf die Erde": Der göttliche Schöpfungsakt wird ein materieller Prozess. Daher ist der Gedanke einer biologischen Evolution radikaler als alles, was Menschen je gedacht haben. Planeten blieben tote Materie von allerdings riesiger Größe, was den Gedanken des Göttlichen nahelegte. Zudem bedachten die Menschen mit ihren „feuchten Gehirnen" trockene Materie, die eben dadurch fremd blieb, entfernt, unnahbar. Doch das Bedenken der „feuchten" Materie des Lebens durch gleichfalls „feuch-te" Gehirne bedeutete etwas gänzlich anderes, eben die Selbstreflexion die-ser Materie. Das Denken, welches diese Reflexion vollzog, erkannte sich selbst als biologischen Abdruck anonymer Verzweigungsentscheidungen. Die „Wirklichkeit" wäre dann nichts als die jeweilige Möglichkeitsweite eines Lebewesens, auch des Menschen, allerdings mit dem eminenten Unter-schied, dass sich der Mensch „Kunst", Technik erwerben musste, um sein Dasein zu erhalten, nicht in Nischen, sondern in der „ganzen" Welt. In ihr entdeckte er sich als einer, der anders war, weil er die Zeit entdeckt hatte.

Die Evolution ist ein unumkehrbarer, vieldimensionaler Prozess, der in Verzweigungsformen verläuft. Ein derartiger „Zeitbaum" (F. Cramer,

1993) folgt dem deterministischen Chaos. In ihm wirken zwei Zeitrichtungen gleichzeitig, nämlich eine kreisförmig wiederkehrende (Ebbe-Flut, Erdumdrehung u. ä.), sowie eine fortschreitende, unumkehrbare (wie kleine Veränderungen in den Netzwerken). Letztere können zu unvorhersehbaren Verzweigungen, „Bifurkationen" führen, die nur in kurzen kritischen Phasen, „Zeitfenstern" möglich sind. Ob solche Verzweigungen dauerhaft werden oder nicht, erweist sich erst später. Eine riesenhafte „Verschwendung" zeigt sich demnach an den unentwegten Verzweigungen des evolutiven „Spiels", welches Leben riskiert, um es zu ermöglichen. Daher ist es folgerichtig, dass von allen Arten, die im Fortgang der Evolution entstanden sind, heute nur noch ein Prozent vorhanden ist. Indem sich der Mensch der Zeit bemächtigt, d. h. sich als sterblich und technisch gleichermaßen begreift, behauptet er sich als Ziel der Natur, d. h. als ihr Herr. Der Mensch weiß um die Sterblichkeit, und er weiß um das „von den Vorfahren" übernommene Wissen: Er weiß um die Zeit. Über Zehntausende von Jahren hin begreift der Mensch die Natur als das Unveränderliche, dem er unterliegt, weil er „Zeit" hat, die Natur aber nicht bzw. die Verläufe in der Natur für seine „kleine" Zeit wie in Zeitlosigkeit erfolgen. Zeit-Schwäche und Technik-Schwäche wirkten dabei ineinander und die einzige Menschen-Stärke, die Gewalt, vermochte (als Jagd) die Natur allenfalls marginal zu treffen. Das zeitbehaftete Menschenwesen blieb einer der Menschenzeit entzogenen Natur und ihrer rituellen Beschwörung im Göttlichen unterworfen, bis es denn diese Menschenzeit „technisch" zu deuten begann, als Möglichkeit von Produktion und Revolution, seit Ende des 18. Jahrhunderts also. Dass es dabei zur Wende auch gegen die Natur kam, ist folgerichtig, denn die Verabsolutierung der Menschenzeit verzeitlicht zugleich die Natur, vertreibt die Ewigkeit der Schöpfung, fordert Materialität ein, die in den menschlichen Verstand passt. In der Abforderung von Rationalität entsteht die Biologie als Erklärwissen von der Natur als lebendiger Materie und nichts sonst. In der Gentechnik wird diese Rationalität endgültig Technologie.

1.3 Geschichte

Geschichte ist „qualitative" Zeit, Ereigniszeit, d. h. ein Nacheinander sozialer Handlungen, welches erinnert wird. Geschichte als „Historie" ist Wissen von dem, was gewesen ist, irreversibel. Ein solches Wissen ist

Verfallswissen der Erinnerung. Es ist nicht genetisch abgespeichert, also der ständigen Wiederholung bedürftig. Dieser Verfallscharakter des Wissens korrespondiert mit dem Unwissen bezüglich der Zukunft. Beides ermöglicht, erzwingt „Gegenwart" als ein Dazwischen, in dem sich die fragmentarische Sicherheit des erinnerten Wissens mit der fragmentarischen Unsicherheit eines Handelns in die Zukunft hinein verbindet. „Handeln" wäre dann das unentwegte Zusammensetzen aus Puzzle-Stücken von (vergangenem) Wissen und (künftigem) Wollen im Kontext des Risikos, d. h. der Unsicherheit in der Erreichung des Ziels, das erreicht, sogar übertroffen, aber eben auch verfehlt werden kann. Der Verfallscharakter des Wissens und das Unwissen über die Zukunft begründen die Fragilität der menschlichen Existenz, ihr Ungesichertes, ihre Fähigkeit zu Furcht und Hoffnung, ihr Vermögen zur Kultur. Historiografie ist damit stets auch ein Plädoyer dafür, Fragen offen zu lassen. Alle Festlegungen verharren im Vorläufigen und ihr Ausdruck ist die historische Zeit, unumkehrbar in dem, was geschah, unvorhersehbar in dem, was geschehen wird. Sicherheit als Zukunft ist in der Natur nicht zu haben. Daher die Beschwörung eines Göttlichen, das die Zeiten der Natur in Ordnung halten soll, denn auch wenn die Sonne wiederkehrt, die Jahreszeiten, so ist nie gewiss, ob die Nahrung wiederkehrt, die daran hängt, ob Hunger sein wird oder Fülle. Weil die Natur als Zeit unvorhersehbar bleibt, sucht man sie einem Göttlichen anzunähern, das durch Beschwörung, Ritus beeinflusst werden kann. Hier fällt vor allem die „Jetztzeit" auf, die Zeit des Bundes mit Gott, die messianische Zeit dann, wie sie zuerst vom Judentum ausgebildet wurde. An ihr zeigt sich die Eigenart der historischen Zeit in besonderer Weise, nämlich Bedeutungszeit zu sein, keine bloße Messzeit. Der Vorstellung einer Zeit, die zu Ende geht, entspricht die elementare Erfahrung des Todes als einer Zeit, die aufhört. Die Jetztzeit wendet diese kleine Schreckenszeit in eine große Endzeit als Erlösung von „der" Zeit schlechthin (in den monotheistischen Religionen) oder von „dieser" Zeit als einer schlechten (in den revolutionären Ideologien). In der Jetztzeit verliert sich die Geschichte, minimieren die Menschen ihr Wissen auf das Handeln im Augenblick. Jetztzeit ist Kurzzeit und weil sie nie in Erlösung endet, ihr eschatologisches Ziel immer verfehlt, unterliegt sie der langen Zeit als der eigentlichen Menschenzeit. Eine solche „lange Zeit" sucht die Sicherheit des sozialen Daseins durch unentwegtes Handeln aus Erinnern zu gewährleisten, indem sich die Vergangenheit als Gegenwart erneuert, die Zeit stabil bleibt, in den herrschaftlichen Institutionen, den Werten, Traditionen, im Vermeiden alles Neuen, d. h. Ungewissen. Es ist die Zeitform einer technikschwachen Gesellschaft und auch die Jetztzeit unterliegt ihr, weil kein Messias der Zeit ein Ende setzt. Zukunft bleibt Unsicherheit, Gefahr. Sie wird Möglichkeit erst mit der technologischen Wende vom agrarischen Überlebenshandeln zum industrialisierten Konsumhandeln. Mit seiner starken Technik, insbesondere als Energietechnik, kehrt der Mensch das Zeitverhältnis als Machtverhältnis zur Natur um. Die Übergabe der Zeit von der Natur an die Mechanik, beginnend mit der Räderuhr in Westeuropa seit dem 13. Jahrhundert, lässt die Zeit im Prinzip zu einem technischen Vorgang werden, der sich in der elektronischen Steuerung und Kommunikation des 21. Jahrhunderts vollendet. Zeit, aufgefasst als Information, als Differenz zwischen einem Vorher und Nachher, verschwindet in einer Echtzeit, die als permanent erscheint.

Geschichte, als „Historie", ist eine bestimmte gesellschaftliche Bewusstseinsform der Zeit. Es ist dies eine Zeit menschlichen Handelns, mehr oder minder begrenzt durch zwei andere Sphären der Zeit, die unfassbare des Göttlichen, und die – trotz ihrer zyklischen Verläufe – tendenziell chaotische der Natur. Der Menschenzeit, d. h. Geschichte, Sinnhaftigkeit abzugewinnen erschien am ehesten möglich, wenn man sie dem Göttlichen annäherte. Sie völlig menschlich aufzufassen – ohne in Schrecken zu verfallen – wurde erst möglich, als der technische Gedanke sich Natur wie Gesellschaft gleichermaßen unterwarf. Von diesem Gedanken her sind auch Physik und Biologie, die Wissenschaften von der Natur, Technologie, Biotechnik, Medizin, als Handeln in der Natur aufzufassen. Als Wissen sind sie die Schnittmengen der Geschichte hin zur Natur, oder genauer, die Schnittmengen historisch bewegten Gesellschaften, der europäisch-westlichen vor allem, doch keineswegs nur dieser. Die Meta-Wissenschaft dieser Natur- und Technikwissenschaften ist die Geschichte, weil sie allein die Frage nach Entstehung und Entwicklung dieses Wissens zu stellen, zu beantworten vermag. „Die Natur" weiß nichts von sich und die Wissenschaften, einschließlich der Technik, besitzen zwar Wissen über ihr Vorhandensein, doch keines davon, warum sie überhaupt vorhanden sind: Geschichte ist das, was übrigbleibt, wenn alles Wissen auf seine Bedingungen zurückgeführt wird.

1.4 Summe

Wir wissen nur, weil wir Geschichte haben. Wissen ist das, was überliefert wird, ist Information, virtuelle Kommunikation in der langen Zeit, über den bloßen Augenblick hinaus. Jedes Wissen vom Wissen ist letztlich historisches Wissen. Ohne Überlieferung gäbe es kein Wissen, ohne Gesellschaft keine Überlieferung, ohne Überlieferung keine Gesellschaft. In jedem Wissen begegnen die Lebenden den Toten. Im Wissen forschen die Menschen nach dem, was sie sind: Als Materielles fragen sie nach der Materie, als Lebendiges nach dem Leben, als Soziales nach dem Sozialen. Alle diese drei Kreise des Wissens sind von Anfang an vorhanden, als Aneignung des Stofflichen, des Lebendigen, des Mitmenschlichen. Sie sind begründend für jedes menschliche Dasein als Leben, Überleben, Mehr-als-Leben. Alles Wissen ist relatives Wissen, bezogen auf einen sozialen Ort in der historischen Zeit, also auf das, was in einer je bestimmten sozialen Situation an überliefertem Wissen vorhanden ist und was in dieser Situation gedacht werden kann. Wissen ist abhängig von Macht, Herrschaft. Die Einsicht in die Begrenztheit des Wissens schützt vor den Behauptungen eines Absoluten, die immer menschenfeindlich sind. Sie stärkt das Wissen, weil es seine Grenzen anerkennt und sie lädt eben deshalb dazu ein, diese immer wieder zu überschreiten, auf neue Grenzen zu: Man muss sich mit vielem beschäftigen, um weniges zu lernen.

2 Theorie

2.1 Gesellschaft

Gesellschaft ist die Verbindung von Menschen zur Erreichung von Sicherheit. Sie entsteht aus der Notwendigkeit einer Sorge für Kinder und zwar zweifach: als Sorge für das Neugeborene, das ohne körperlichen Beistand nicht zu überleben vermöchte, als Sorge für den Heranwachsenden, der geistigen Beistand braucht, um kulturfähig zu werden. Nahrung, Schutz, Wissen sind das, was den Jungen zugewendet wird, über lange Zeit und als Geschenk. Das Geschenk ist die erste soziale Handlung und die erste soziale Geste. Mit ihm beginnt das Soziale als Hilfe und also als Aufnahme in das „Wir" einer Gemeinschaftlichkeit, die gleichwohl ohne eine Antwort des Beschenkten nicht Bestand hätte. Im Geschenk bereits beginnt die Wechselseitigkeit. Sie wird responsiv im Dank, vom ersten Lächeln des Kleinkindes an. Und sie muss sich weiten, von der Mutter-Kind-Beziehung zur Dreierbeziehung, in der über den Vater dann „die Anderen" hinzutreten. Der Dritte verweist auf die Anderen als Urform einer dialektischen Beziehung, in der aus einer Dyade des Du und Ich eine Triade wird, mit den Anderen und immer mehr von ihnen. Die Entdeckung des Anderen als jenes Dritten, von dem das Ich nicht Besitz ergreifen kann, mit dem es sich arrangieren muss, ist die Entdeckung der Gesellschaft durch den Einzelnen. Mit dem Hinzutreten des Dritten löst sich die Erwartbarkeit einer festen Zweierbeziehung auf, entsteht Unsicherheit, entsteht Handeln als Möglichkeit wie Gefahr. Dem „Dritten" vermag man sich nur anzunähern: Die Weise des sozialen Handelns ist nur Annäherung (sofern sie kommunikativ bleibt, nicht Gewalt wird). Doch im Dritten ist nicht nur Unsicherheit, sondern auch die Möglichkeit der Sicherheit, denn in ihm ist etwas, das jede Zweierbeziehung übergreift, eben die lange Zeit der Gesellschaft, gespeichert in Institutionen, gespeichert als Moral, die „Vertrauen" entstehen lässt, also die Annahme, dass auch „der Dritte" in einer insgesamt voraussehbaren Weise sich verhalten wird. Vertrauen erst erschließt Zukunft als Ressource: Zukunftsfähigkeit ist Vertrauensfähigkeit. In dieser Zukunft ist „nicht alles möglich". Daher gibt es Vertrauen als Annäherung, doch keine Rettung als Zerstörung des Gewesenen. In den Anderen begegnet der Einzelne der

Unsicherheit, die nur insoweit „iterative" Sicherheit werden kann, als die zahllosen Kurzzeiten des Handelns von einer langen Zeit durchzogen werden, die Institutionen, Regeln gründet. Die lange Zeit, aus welcher eine Gesellschaft ihre Dauer bezieht, manifestiert sich im Bewusstsein zuerst als Erinnerung, Verehrung der Ahnen. Der grundlegende Bezug von Gesellschaften über Jahrtausende hinweg auf die „Tradition", auf das von den Vorfahren „Übergebene", reflektiert die Einsicht, dass da, wo eine Gesellschaft in die Kurzzeit abstürzt, ihr die „Krise" droht, diese Permanenz der Entscheidung, in der alles möglich zu werden scheint, in welcher jene Sicherheit kollabiert, in der Unsicherheit, Komplexität über die großen Muster des durch die Überlieferung Verbindlichen vereinfacht wird.

Der Mensch wird durch Menschen möglich, die lebenden wie die toten. In diesem Menschwerden durch Gesellschaft erfährt der Einzelne Fürsorge und wird so zur Solidarität befähigt, erfährt er Abhängigkeit und wird so zur Anerkennung von Regeln befähigt, erfährt er Wissen und wird so zum Lernen befähigt. Gesellschaft ist damit die Exzentrik des Menschen, das, was ihn kulturfähig werden lässt. Um die biologische Dyade von Mutter und Kind lagert sich die Triade der Anderen. Im Übergang vom Biologischen zum Sozialen verliert der Heranwachsende sein „Zentrum" an die Exzentrik der Gesellschaft. Er formt sein „Ich" aus dem Zwiespalt von Zugehörigkeit und Fremdheit, einer Erfahrung der „Entfremdung" vom Ich durch die Zwänge der Gesellschaft, der die Furcht entgegenwirkt, in ihr fremd zu werden, ausgeschlossen aus Solidarität und Achtung. Der Mensch erwacht zum Bewusstsein durch die Angst, vom Kleinkind an, das sich vor dem Verlassensein durch die Mutter fürchtet. Gesellschaft ist die Fluchtbewegung der Sicherheit hin zu Nahrung, Schutz, Sinn. Körpererhalt gegen Hunger, Körperschutz gegen Gewalt, Sinneinbindung über das Sinnliche hinaus als Anbindung der psychischen Orientierungsbedürfnisse an soziale Gebote, bilden die drei grundlegenden Funktionen des Sozialen. Das Soziale ist Teilhabe, es ist Gemeinsamkeit durch Partizipation. Sie setzt ein bei der Teilung der Nahrung, setzt sich fort in der Gewaltlosigkeit der Begegnung, schließt sich im Teilen der Symbole durch Kommunikation und Ritus. Jeder Mensch ist ein Lebender unter Lebenden, aber er weiß von den Toten wie den Künftigen. Das triadische Moment seines Eintritts in die Gesellschaft wiederholt sich in der sozialen Zeit als eines Ineinanders von Toten, Lebendigen, Künftigen. Es ist vor dem Einzelnen da und wird auch nach ihm da sein. Soziale Zeit und soziale Funktionen formen eine Gesellschaft, die dort „politisch" wird, wo aus einer familialen Gruppe, die nur mit sich selbst kommuniziert, ein Verband verschiedener Gruppen wird, die miteinander kommunizieren müssen und zwar dauerhaft. Hinter diesem Übergang wirken ein demografisches Wachstum, die Erzeugung eines Mehrprodukts sowie die genauere Abgrenzung eines Territoriums. Seine Konsequenzen bestehen in der Verteilung dieses Mehrprodukts und den damit verbundenen Machteffekten, also der Ausbildung einer Hierarchie, d. h. einer Ordnung der Ungleichheit, deren elitäre Oberschicht sich durch drei Kompetenzen erhält, eben die Verteilungskompetenz, zu deren Durchsetzung sie jedoch noch eine Gewaltkompetenz und eine Moralkompetenz benötigt. Die Verteilungskompetenz gründet im Zugriff auf die Arbeit, die Gewaltkompetenz in der Fähigkeit zu physischem Zwang, die Moralkompetenz im kommunikativen Zugriff auf ein Absolutes. Dieses sich gegenseitig verifizierende Ineinander solcher Kompetenzen gründet Herrschaft. Ihre sozialpsychische Währung ist die Sicherheit (bzw. das Versprechen davon), doch deren Deckung ist die Angst (bzw. die Drohung mit Unsicherheit). Das Politische entsteht also da, wo sich das soziale Spannungsverhältnis von Sicherheit und Angst in das politische von Autorität und Gewalt fortbildet, doch so, dass die Autorität regulativ bleibt, also Normen befolgt werden, weil die sie repräsentierende Ordnung der Macht als legitim anerkannt wird. Das Politische ist ein Differenzierungsvorgang, der Hierarchien bildet, weil ein Machtgefälle entsteht, als Inbesitznahme der Verfügung über Güter und Gewalt durch bestimmte Personen bzw. Personengruppen. Eine Güterverteilung jenseits der unmittelbaren Produzenten ermöglicht erst die Ausdifferenzierung nicht (nahrungs-)produktiver Tätigkeiten: „Burg" (das Haus der Gewalt), „Stadt" (das Haus der Arbeit), „Tempel" (das Haus der Werte) bilden den zivilisatorischen Zustand des Politischen als Resultat eines immobil, territorial gewordenen Sozialen. Daneben gibt es allerdings auch einen barbarischen Zustand, den der Eroberung. „Timurische" Gewaltgruppen gehören hierher, von den mongolischen Eroberern Chinas über die spanischen Altamerikas bis zu den Kämpfern des Islamischen Staates. Doch die schiere Gewalt bleibt vorpolitisch. Ihr fehlt die zivilisatorische Differenz hin zur Autorität, d. h. die Kommunikation als Ereignis sozialer Begegnung, nicht Unterwerfung. Allerdings kann auch in einem zivilisatorisch gefassten Politischen das Verhältnis von Autorität und Gewalt kollabieren und ein timurischer Zustand entstehen. Nie bleibt das Verhältnis der beiden Größen völlig gesichert: Es gäbe sonst keine „innere" Geschichte politisch organisierter Gesellschaften. Die Autorität, d. h. der Gehorsam gegenüber einer gegebenen Befehlsordnung, indirekt durch Nachahmung von Regelverhalten, direkt durch bewusste Anerkennung, reduziert den Gewaltaufwand der Herrschaft, verstärkt massiv ihre Sicherheitsleistung und entlastet nachhaltig ihre Ressourcen. Die Kleinigkeiten erhalten die Welt. Der Modus des Sozialen ist das Nebensächliche. Ein timurischer Zustand kann daher nicht in die lange Zeit übergehen, wie sie für das Politische wesentlich ist, weil er sowohl Ressourcen verschleudert wie die für Dauerhaftigkeit entscheidende Sicherheitsleistung nicht zu erbringen vermag: Der Tod, die Verfügung über ihn, ist der Schlussstein im Gebäude der Herrschaft – aber auch in jenem der Freiheit. Wer andere in den Tod senden kann (den Soldaten, den Feind), der vollendet Herrschaft mit diesem Akt. Wer sich selbst für seinen Tod entscheidet, der vollendet seine Freiheit.

Das Politische ist demnach der Versuch einer Überwindung des Gruppenegoismus durch Einbeziehung der Anderen. In der Gruppe gibt es Solidarität nur unter den Bekannten, deren Regelverhalten man als Erwartbarkeit kennt und durch Zuwendung belohnt. Die Einbeziehung der Anderen wird möglich durch zwei Formen einer Gemeinsamkeit des Handelns, physisch durch die Gemeinsamkeit der Gewalt im Bürgersoldaten, psychisch durch die Erfindung der Moral als einer abstrakten Verbindlichkeit, über die auch der unbekannte Andere in die Erwartbarkeit einrücken kann. Diese Moral erfordert einen Bezugspunkt oberhalb der Gruppenegoismen: einen politischen Gott „nur für uns", einen Menschheitsgott „für alle", bis hin zur Gottesebenbildlichkeit ohne Gott in den Menschenrechten. Je mehr Andere in die Gesellschaft eintreten, desto universeller wird der Bezugspunkt ihrer Moral, es sei denn, man schließt sie aus der Freiheit des Handelns, aus der Kommunikation aus, schließt sie in die Gewalt ein, wie im Fall der Sklaverei. Die Einbeziehung der Anderen ist deshalb ein kommunikativer Vorgang, der die Fremdheit pazifiert und die Frage nach einem politisch Allgemeinen nahelegt, nach dem „Guten" in der Gesellschaft, nach der „guten Gesellschaft" als Gemeinsames für alle. Der Funktionsmechanismus der Moral besteht demnach in der Erwartung: „Er tut es, damit ich es tue". Er hat nichts mit der Möglichkeit der „Liebe" wie in einer dyadischen Beziehung zu tun, in der geschenkt wird. Zwar kann sich die Liebe auch auf „den Dritten" wenden, in den verschiedenen Weisen des Altruismus, doch kommt dabei sogleich das Moralische ins Spiel, als soziale Funktion, durch die ein Schenkender sich die Anerkennung Dritter erwirbt. Auf diese Weise entstehen zwei Arten sozialen „Kapitals", nämlich das des Vertrauens und jenes der Anerkennung. Das Soziale existiert also aus der Ertragskraft des Moralischen, denn kein soziales, gewaltloses Handeln wäre ohne elementare Moralerwartung möglich. Moral reduziert Unvorhersehbarkeit zu Vorhersehbarkeit, sie ist ein unentbehrlicher Faktor sozialer Sicherheit. Wenn in einer Gesellschaft der Dritten, einer Intensivierung und Vervielfältigung der Kontakte, einer Differenzierung der Funktionen, die Überschaubarkeit und dyadische Vertrautheit verlorengeht, droht eine Überflutung durch Unsicherheit und Entscheidungszwang. Die Moral reduziert Unsicherheit auf Sicherheit, Komplexität auf Kausalität. Das macht sie in eminenter Weise herrschaftsrelevant. Wo Herrschaft nur mit Strafe drohen kann, droht Moral mit Schuld, „Sünde". Wo Herrschaft äußerlich bleibt, auf den Leib zielt, dringt die Moral ins Innere des Menschen ein, zielt auf seine Psyche. Autorität als Funktion von Herrschaft muss daher stets im Anschein des Moralischen verbleiben und sie ist am wirksamsten da, wo sie sich mit ihm gleichsetzt. Moral ordnet soziales Handeln, darum muss Autorität die Moral auf sich beziehen. Über Jahrtausende hindurch wurde dies dadurch erreicht, dass die Herrschaft ihre Profanie, ihren Gewaltcharakter, zu sakralisieren suchte. Herrschaftsordnung sollte rituell als Gottesordnung gezeigt werden. Denn wenn Moral die Sätze schließt, den Diskurs in einen Imperativ verwandelt, dann ist eine Autorität, die nicht über die Moral verfügt, wirkungslos, nicht vorhanden. Das Timurische macht hier die Ausnahme, denn es versucht nicht einmal, sich zynisch der Moral als Phrase zu bedienen. Es erklärt sich offen für unmoralisch, weil es das Moralische der jeweils bestgehenden Gesellschaft als Friedensmöglichkeit ablehnen muss, um sich als Gewalt zu behaupten. Wer demnach eine herrschaftlich verfasste Gesellschaft zerstören will, wird die timurische Position beziehen. Seine Haltung ist die eines Eroberers, doch anders als ein Eroberer von außen führt er seinen Krieg im Inneren der Gesellschaft und also zweifach: in der Kommunikation durch den Angriff auf die „herrschende Moral" zuerst und in der physischen Gewalt durch den Angriff auf die staatliche Gewaltverfügung dann. Der entscheidende Sieg ist immer im Moralischen. Verliert die Herrschaft ihren Zugriff auf die Moral, verliert sie ihren kommunikativen Bezug zum Sozialen, stellt sich die Gewaltfrage. Das Recht ist die Sprachform der Gewalt hin zur Gesellschaft. Die Moral ist die Sprachform der Autorität hin zur Gesellschaft. Als Sprachformen korrespondieren sie beide mit der Gesellschaft als einer Versammlung der Sprechenden. Im Recht verbindet die Herrschaft Autorität und Gewalt. Im Recht mag sie Gewalt auszuüben, ohne diese als solche aussprechen zu müssen, weil sie im Friedensraum des Moralischen agiert. Rechtsrede ohne moralische Resonanz ist tot: Sie verliert ihre kommunikative Wirksamkeit und fällt auf die Gewalt zurück.

Politik ist die fortwährende Regelung des Politischen, d. h. des Verhältnisses von Autorität und Gewalt in einer herrschaftlich verfassten Gesellschaft. Ohne Herrschaft gibt es keine Politik, weshalb die Bewegung der Politik sich aus dem Konflikt um den Besitz von Herrschaft ergibt, zwischen Gruppen wie Individuen. Das Politische bedarf des Moralischen, um die Gesellschaft zu erreichen. Moralisch ist, was dem Verhalten „unter Dritten" Erwartbarkeit verleiht. Um das sicherzustellen gibt es die Exklusions-Mechanismen der sozialen Kontrolle, also den Ausschluss aus Kommunikation, Solidarität und Kult. Kleine Sozialverbände des familialen Typs, in dem sich die Mitglieder persönlich kennen, sind nahezu unentwegt damit beschäftigt, sich durch Gaben, Gesten ihrer Zusammengehörigkeit zu versichern. Hier erhält sich das Soziale noch weitgehend selbst. Einer reflexiv werdenden Moral bedarf es nicht, das Moralische ist durch eine wie ewige Dauer eingeübt, sanktioniert. Wechselt der Sozialverband jedoch in einen Zustand über, der durch Mehrprodukt, Territorium, Organisation gekennzeichnet ist, wird er zu einer Gesellschaft der Dritten, mit Arbeitsteilung, Güterverteilung, Differenzierung, in dem die Dyade als Ordnungsprinzip des Sozialen zu schwach geworden ist, so tritt das Politische an seine Stelle. Der soziale Konflikt kennt demnach zwei Fronten: Die Auseinandersetzung um die Verteilung des Mehrprodukts zwischen den verschiedenen Gruppen und die Auseinandersetzung um die Besetzung der Herrschaft, um die Verfügung über Gewalt. Beide Konflikte gehen ineinander über, sind aber nicht identisch. Behält das Soziale dem Politischen gegenüber ein großes Maß an Selbständigkeit, müssen Verteilungskonflikte nicht in Gewaltkonflikten enden. Entscheidend hierfür ist, dass sich in der Gesellschaft eigenständig Eliten ausbilden können, also die Elitenbildung nicht der Herrschaftssphäre vorbehalten bleibt. Eine durchlässige, plurale Elitenbildung hält die Beziehung von Sozialem und Politischem kommunikativ bzw. verleiht dem Konflikt eine sprachliche Dimension. Ist das nicht der Fall, droht die Eskalation in die Gewalt. Eine Herrschaft mit nur exekutierender, geschlossener Elite büßt demnach an kommunikativer Kraft ein, was sich auch am zweiten kommunikativen Moment zeigt, der Moral. Herrschaft kann die Moral verlieren, wenn sie diese nicht mehr glaubwürdig zu vertreten vermag. Ihre Autorität schrumpft dann auf die Gewohnheit des Gehorsams und das Funktionieren der Institutionen, letztlich aber auf die Fähigkeit, mit Gewalt zu drohen. Herrschaft setzt Ungleichheit voraus, weil Organisationen nur funktionieren können, wenn Entscheidungskompetenzen gebildet werden. Eine Organisation ist hierarchisierte Entscheidungskompetenz. Organisation reduziert Komplexität durch Hierarchisierung der Notwendigkeiten, Entscheidungen zu treffen. Sie vollzieht damit das Prinzip jener Arbeitsteilung nach, die sie materiell erst möglich gemacht und zugleich erzwungen hat. Arbeitsteilung im Zusammenhang der Sesshaftigkeit bedeutet, dass ein Nahrungsüberschuss erzeugt wird, der die spezialisierende Ausbildung von Tätigkeiten ermöglicht, die nicht unmittelbar der Herstellung von Nahrung dienen. Damit ist eine erste Trennung der vielen, die Nahrung erzeugen, von den wenigen, die das nicht tun, eingeleitet, auf welche eine zweite Trennung folgt zwischen denen, die Entscheidungskompetenzen kumulieren und jenen, die sie verlieren. Um solche Kompetenzen kumulieren zu können, muss man neben den Moralbedeutungen die Gewaltausübung unter die eigene Kontrolle bekommen, d. h. Herrschaft als Gewaltfähigkeit und Autoritätsanerkennung durchsetzen können. Die Absolutheit der Herrschaft, ihre „timurische" Dimension, liegt im Dreifachen der Verfügung: über das Bewusstsein, über das Leben, über das Land. Absolutheit im Bewusstsein bedeutet Verfügung über die Sprache, Absolutheit im Leben bedeutet Verfügung über den Tod, Absolutheit im Land bedeutet Verfügung über die Vertreibung. „Sicherheit" wäre hier nur in der Absolutheit der Unterwerfung vorstellbar: Jede absolute Unterwerfung wird zur Bitte um Gnade, doch auf Gnade „vertrauen" kann der Mensch nur bei Gott, d. h. jenseits der Menschen. Unter Menschen jedoch bedeutet „Unterwerfung" stets Unterwerfung unter andere, also Herrschaft. Herrschaft wird Willkür, d. h. Unsicherheit, wenn sie auf absoluter Unterwerfung gründet. Im (psychischen) Absolutismus einer Unterwerfung unter die „Wahrheit" allerdings realisiert sich die Bedingungslosigkeit als dynamische Wucht des geschlossenen

Bewußtseins (religiös, ideologisch). Hier wäre dann „Sicherheit" (als Größe des Bewußtseins) tatsächlich erreicht, weil Leben, Tod nichts mehr gelten, weil im Bewußtsein ausgelöscht ist, was in ihm Unsicherheit erregen könnte: Sicherheit (im Zustand der Bedingungslosigkeit, des Fanatismus) ist die Bewußtlosigkeit des Lebens.

Menschen vergesellschaften sich, um Sicherheit zu gewinnen, materielle für ihre Körper gegen Gewalt und Hunger, mentale für ihr Bewusstsein gegen die Risiken des Handelns und das Wissen vom Tod. Herrschaft ist die Organisation der Gesellschaft zum Zweck der Sicherheit. Das geschieht über die Aneignung der Gewaltkontrolle und der Moralkontrolle durch eine kleine Minderheit. Diese soziale Ungleichheit wird von der großen Mehrheit anerkannt, solange die herrschende Minderheit ihre Kontrollfähigkeiten behält und Sicherheit zu gewährleisten vermag. Da über nahezu die gesamte Geschichte der Zivilisationen die schwache Technik der Muskelenergie bestimmend blieb, die nur geringe verteilbare Überschüsse erzielte, war der hierarchische Abstand zwischen herrschender Minderheit und beherrschter Mehrheit besonders ausgeprägt. Durch die bevorzugte Aneignung des Überschusses an Gebrauchsgütern erlangt diese Minderheit einen zweiten Überschuss: einen an (freier) Zeit. Herrschaft ist Zeitreichtum bzw. Zeit, die in Organisation und Information investiert werden kann. Jede herrschende Minderheit bzw. jede herrschende Klasse ist ein Gebilde solcher Zeitinvestition, d. h. ein Gefüge weit überlegener Organisationsdichte, Informationsdichte, allerdings unter der Voraussetzung überlegener Gewaltfähigkeit und anerkannter moralischer Kompetenz. Zerfällt letztere, so besitzt die Herrschaft keinen Repräsentationseffekt mehr: Sie repräsentiert weder das Volk vor Gott noch das Gemeinwohl vor dem Volk. Sie fällt zurück auf die bloße Bedrohung des Körpers, auf die nomadische Vorläufigkeit der Gewalt. Entscheidend wird dann, ob der Verlust an Autorität bereits den Gewaltapparat erfasst hat: Vorgänge, wie sie sich etwa in den Revolutionen der Neuzeit finden (England, 1642, British Amerika 1773, Frankreich 1789, Russland 1917, Deutschland-Österreich 1918, Ukraine 2014, etc.). Der Moralverlust bringt das herrschaftliche Ordnungsgefüge ins Rutschen, denn mit ihm erodiert der Alltagsgehorsam und das elementare Friedensvertrauen in die Zukunft. Die Ehrerbietung schwindet, d. h. die Vorstellung, dass die „Herren" es besser wissen und das „Gute" wissen und tun. Doch auch, wenn man die Herrschenden „an die Laternen" hängt, verschwindet die herrschende Klasse nicht, denn diese ist ein Strukturphänomen jeder organisierten Gesellschaft. Die Wenigen organisieren sich leichter, effektiver als die Vielen und je effektiver eine Gruppe organisiert ist, desto durchsetzungsstärker wird sie. Organisation ist das Machtprinzip von Minderheiten, immer, im Militärischen des Krieges, im Politischen der Eroberung wie der Behauptung von Herrschaft.

Der Gesellschaft „Sicherheit" zu geben ist Zweck und Sinn „politischer" Herrschaft, d.h. einer Herrschaftsordnung, die vor allem über ihre Anerkennung als „Autorität" wirksam wird, weil Autorität eine Moralkompetenz umschließt, die soziales Vertrauen ermöglicht und also Frieden und Zukunftszuversicht. Dass die Geschichte nicht längst „Sicherheit" realisiert hat und also zum Stillstand gekommen ist, hat damit zu tun, dass diese nur eine der vier grundlegenden Kategorien von Geschichte ist, dass sie in einem Wechselverhältnis zu Gewalt, Technik, Sprache steht, welches „chaotisch" ist, d.h. in seinen konkreten Abläufen komplex und unvorhersehbar. Jede der Kategorien enthält eine Ressource von hoher sozialer Bedeutung, die angeeignet werden kann, von Minderheiten, die sich organisieren. Die Sprache umschließt das kategoriale Feld mit den Größen der Autorität, Moral, Kommunikation. Das Ziel von Sprache ist Verständigung, letztlich mentale Sicherheit. Die Technik umschließt Arbeit, Mehrprodukt, Wirtschaft. Ihr Ziel ist die materielle Sicherheit. Die Gewalt umschließt Krieg, Bürgerkrieg, Herrschaft. Ihr Ziel ist die politische Sicherheit. Der Ressourcen-Effekt dieser Kategorien entsteht in zivilisatorischen Gesellschaften, in denen Sesshaftigkeit, demografisches Wachstum, Arbeitsteilung zur Ausbildung von Hierarchien führt. Moral, Mehrprodukt, Gewaltüberlegenheit werden angeeignet durch eine organisierte Minderheit: „Herrschaft" entsteht. Dass dabei die ökonomische bzw. „soziale" Sicherheit unter den Sicherheitsleistungen, welche die Herrschaft für die Gesellschaft erbringt und von denen her sie sich legitimiert, lange die geringste Rolle spielte, hat mit der geringen Überschussproduktivität jener schwachen Technik der Muskelenergie zu tun, wie sie nahezu die gesamte Geschichte dominierte. In diesen technikschwachen Gesellschaften herrschte die Gewaltehre als Ehre waffenkundiger Herren. Erst im Übergang zur Arbeitsehre als Ehre werkzeugkundiger Werktätiger kommt es zur Dynamisierung einer vordem wie naturhaft scheinenden rigiden Hierarchisierung. Im europäischen Zusammenhang formt sich jene universalgeschichtliche Ungeheuerlichkeit aus, dass Arbeit „Ehre" sein kann, Technik geistiges, geistvolles „Wissen". Ökonomische Sicherheit mit ihren Weitungen hin zur sozialen Sicherheit wird nun erst möglich, weil Technologie bzw. Produktivität die Natur bzw. die Willkür der Knappheit ersetzt hat. Möglich geworden ist dieser Wechsel im Geschichtsformat durch die Ausbildung eines Elitegefüges, das nicht mehr einheitlich auf die Herrschaft bezogen blieb, sondern sich wesentlich von der Gesellschaft her begründete. In jedem Kategorienbereich kam es zu elitären Ausformungen: In dem der Sprache, Moral entstand eine Organisation, die nicht der politischen Herrschaft unterworfen war (Römische Kirche). In dem der Technik, Arbeit entwickelten sich Formen selbstständigen stadtbürgerlichen Daseins, die zunehmend auch in den Sprach- und Moralbereich vordrangen (zünftische Korporation als Freiheitsverband). In der Gewalt gelang es der Herrschaft zunehmend, die waffentragende Elite des Adels von sich abhängig zu machen, eine Elite, die als erste jenes Konzept des „Parlaments" entwickelte, das später von anderen elitär aufsteigenden Gruppen übernommen worden ist.

Der Mensch handelt demnach aus dem kategorialen Feld der Sicherheit auf die Felder der Gewalt, der Technik, der Sprache. Auf diese Weise entsteht Gesellschaft. Sicherheit ist Sicherung des Lebens, gegen Hunger, Gewalt, gegen den Verlust dessen, was an physischer, materieller Sicherung jeweils erreicht worden ist. Hin zur Gewalt konstituiert sie die Regularien der inneren Friedenswahrung, hin zur Technik eine Arbeitsleistung, die durch Überschuss die Vorratshaltung ermöglicht, also ein Mehr als Überleben und die Vorstellung von Zukunft. Hin zur Sprache ermöglicht sie die Weitung des familialen Kreises zu einer Vergesellschaftung mit Fremden und die Vorstellung eines Allgemeinen. Das naturale Moment des Körperdaseins verweist auf die Nahrung beschaffende Arbeit, gegen das absolute Moment der Gewalt, des Tötens. Die Sprache hingegen entfaltet ein dialektisches Moment. Sprache und Gewalt führen fort zum Politischen, zur Entstehung von Herrschaft, zur Frage nach Gerechtigkeit und Legitimität. Damit entsteht das Historische als das, was das Naturale, das Soziale, das Politische übergreift, indem es die unumkehrbare Zeit hinzufügt (d.h. die Unsicherheit). Das Historische ist dort zum Bewusstsein geworden, wo eine Gesellschaft weiß, dass nicht nur die menschlichen Körper, sondern auch die Institutionen sterblich sind. Im Sozialen bleibt die Zeit noch an die Körper gebunden. Mortalität und Natalität gleichen sich aus, der Ahnenkult befriedet die

Erinnerung. Mit dem Politischen bricht diese homogene Zeit. Das Soziale ordnet sich durch die Sitte, das Politische hingegen ist die Ordnung der Gewalt, die sich in Institutionen der Herrschaft und im Territorium realisiert. Was aber durch Gewalt vorhanden ist, kann durch Gewalt auch wieder beseitigt werden. Herrschaft entsteht als Raumergreifung in einem demografischen Kontext. Raum ohne Menschen wäre sinnlos, weil nur Arbeit einer Landfläche Erträge abringt. Menschen ohne Raum sind unmöglich, weil der Mensch als Materie an Materielles gebunden bleibt. Damit wird das Territorium zur Triebkraft der politischen Geschichte. Über fünf Jahrtausende hinweg „atmen" Staaten, Kolonien, Imperien, Hegemonien im Raum und ersticken ohne ihn. Der Raum ist eine Vervielfältigungsgröße der Macht, für sehr lange Zeit die einzige, ehe die Technik ihn relativiert. Das Streben nach Raumgewinn ist deshalb zur Triebkraft von Herrschaft geworden. Der Traum von der Weltherrschaft, d. h. der Herrschaft über allen Raum, hat mit der Vorstellung einer solchen Bindung an den Raum zu tun und also dem Gedanken, die Überwindung der historischen Zeit sei durch die Überwindung aller Grenzen im Raum zu erreichen. Es ist der Traum des Absoluten, wie er nur im Zusammenhang des Politischen entstehen kann. Was jedoch ist das Absolute? Es ist (aus der Absolutheit des Todes heraus) die Festlegung Gottes und des Feindes. Damit verlagert sich die Frage nach der Struktur von Herrschaft vom physischen Raum, dem Territorium, auf den mentalen Raum, die Kommunikation bzw. die ihre moralischen Bedeutungen festlegende „fable convenue". In der Kommunikation souverän ist, wer für die Angehörigen einer politischen Gesellschaft verbindlich festlegen kann, was „Gott" ist und wer der „Feind". Von Gott her kann man sich der Moral als Herrschaftsmittel bemächtigen, vom Feind her lässt sich die Gewalt mobilisieren und legitimieren. Politischer Konflikt, also das Ringen um die Ausübung von Herrschaft, wird daher wesentlich zum Ringen um die Definitionshoheit bezüglich des Feindes. Die Eindeutigkeit des Feindes reduziert die Mehrdeutigkeit einer politischen Situation auf Handeln. Die rhetorische Okkupation der Moral gelingt am ehesten durch die Verbindlichmachung des Feindes, mehr noch durch seine Bezugsetzung zum Absoluten, was den Feind mit dem Bösen identifiziert. Ein solcher Zustand, der Traum jeglicher Herrschaft, wäre aber der Tod der Dialektik, also der Kommunikation als Zweifelsreden. Es wäre der Zustand der Despotie.

Gäbe es das Absolute, es gäbe keine Geschichte und kein Historisches, also kein Bewusstsein von der Sterblichkeit des Absoluten als eines historisch Relativen. Für „das Abendland" gibt es dabei zwei Wendephasen, eine hin zum Politischen, eine hin zum Historischen. Die Wendung hin zum Politischen erfolgte mit dem Wandel der „Polis" von der Burg der Herrschaft zur Bürgergemeinde, die sich auf der Agora zur politischen Rede versammelt. Die Wende hin zum Historischen radikalisiert sich in der Trennung der „zwei Reiche" bei Augustinus, in der das Absolute des Göttlichen sich vom Relativen des Weltlichen scheidet. Damit treten zugleich Civitas und Kult auseinander. Das Religiöse, also die Frage des Bewusstseins, wie es sich der Finalität des Körperdaseins entziehen könnte, löst sich aus der Verbindung des Allgemeinen der Gesellschaft mit der Allgemeinheit des Göttlichen. Zwar bleiben auch im Westen Profanes und Sakrales über den Kult aufeinander bezogen. Doch sie werden nie mehr eins, bis denn mit der Französischen Revolution eine neue Einheit von Politik und Absolutem gestiftet wird, im Kontext der „Ideologie" und ihres radikalen Menschenbezugs. Das ist folgerichtig, denn je mehr eine Zivilisation dem Historischen verfällt, also dem verunsicherndem Wissen um ihre Endlichkeit, desto stärker wird das Verlangen nach dem, was dieser Endlichkeit ein Ende setzt, als Überwindung der Geschichte durch ihre Vollendung: History to end history.

2.2 Geschichte: Prozess

Am Anfang der Geschichte ist die Gesellschaft: Geschichte ist nichts anderes als Gesellschaft in der langen Zeit. Gesellschaft ist nichts anderes als ein Zusammenschluss von Einzelnen zur Erreichung von Sicherheit. Sie erreichen diese, indem sie Gewalt, Arbeit, Sprache in eine Form bringen, in welcher sie sich ihrer Gemeinschaftlichkeit versichern. Diese Form ist potentiell fragil, brüchig, weil verschiedene Personen, im Gemenge verschiedener Generationen, an ihr teilnehmen. Bereits aus diesem Grund besitzt eine Gesellschaft weder eine völlige Einheit der Zeit noch der Normen, bildet der Konflikt der Generationen den ersten innerhalb einer Gesellschaft, der zu befrieden ist. Ihre Brüchigkeit wächst mit der Anzahl der teilnehmenden Personen und der Menge an Informationen, mit denen sie sich auseinander zu setzen haben. Würde man die Gesellschaft stillstellen, so ergäbe sich das Gefüge einer elementaren Verbindung der sozialen Kategorien – von Gewalt (bzw. ihrer pazifierenden Regelung), Technik (bzw. ihrer Umsetzung durch Arbeit), Sprache (bzw. ihrer Verwirklichung durch Kommunikation) – als Zustand vollständiger Sicherheit. Fließen zusätzliche Informationen in diese Statik ein, die weder eingedeutet noch ignoriert werden können, wird aus der potentiellen Fragilität eine tatsächliche. Isolation von anderen Gesellschaften und Stabilität des Lebensraums mindern das Potential sozialer Fragilität, also den Informationszufluss. Die Dynamik einer Gesellschaft ergibt sich demnach aus dem Zufluss von Information (für ihr mentales System) und Energie (für ihr materielles System). „Geschichte" wäre dann der Vorgang einer Differenzierung solch elementarer Dynamik in eine Mehrzahl, Vielzahl unterschiedlicher Abläufe, in denen unterschiedliche Zuflüsse bzw. Verfügbarkeiten von Information, Energie unterschiedlich interpretiert, rezipiert werden. Die soziale Symmetrie weicht dabei zunehmender Asymmetrie, deren wesentliches Merkmal die zunehmende Bedeutung der Gewalt und deren Konsequenz die Ausbildung von Herrschaft ist. Daraus ergeben sich folgende Sätze. Zunächst der Herrschafts-Satz: Die Herrschenden wechseln, die Faktizität der Herrschaft nicht. Sodann der soziale Entropie-Satz: Gesellschaft ist dynamisch, solange ihr Information zugeführt wird. Des weiteren der sie verbindende Relationssatz: Herrschaft ist die – durch Organisation – überlegene Verfügung über Gewalt und Information. Schließlich noch der soziale Energie-Satz: Die Verfügung über Energie, ihre Art wie ihr Umfang, ist grundlegend für die materielle Reproduktion einer Gesellschaft und damit für das Grundgefüge ihrer sozialen Organisation. Zwei weitere Sätze ließen sich noch anfügen. Zum einen der Elite-Satz: Herrschaft ist ein Hierarchie-Gebilde, das zu seinem Funktionieren einer sie durchsetzenden „politischen Klasse" bedarf. Zum anderen den Hegemonie-Satz: Herrschaft ist ohne Herrschaft im Diskurs nicht stabil. Also: „Politische" Ordnung der Gesellschaft ist Herrschaft. Daher ist es stets der Traumgedanke von der vollkommenen Gesellschaft gewesen, in den Zustand der Symmetrie zurückzukehren. Das wäre dann der Utopie-Satz von der Beseitigung der Herrschaft wie der ihr verbundenen Ungleichheit, des Verschwindens der Gewalt: Ein Zustand, in dem „Löwe und Lamm nebeneinander liegen", in dem die Menschen „wie die Spinnen ihre Netze weben", ein Paradies-Zustand „nach der Geschichte". Es gibt nichts Neues mehr, darf es nicht geben, denn alles Neue, d.h. jede neue Information, stiftet Turbulenzen.

Gesellschaft erstarrt in Symmetrie, Entropie, unter der Voraussetzung einer unveränderlichen Umwelt.

Jeder natürliche Lebensraum enthält Informationen, deren Lesbarkeit sich mit zunehmender technischer Kraft ausdifferenziert. Es sind Informationen über Ressourcen. So hat der Übergang vom Sammeln zum Erzeugen von Nahrung mit der Entnahme von Informationen aus einer bestimmten Umwelt zu tun, also Flusstälern mit reichlich wildwachsendem Getreide. Solche Informationen können als Wissen transportiert werden. Diese Abstrahierung der Kenntnisse von einem „Tun hier und jetzt" zu einem transportierbaren Wissen lässt das Wissen zu einer Kraft der historischen Entwicklung werden. Zugleich verselbständigt sich die Information in einer sozialen Institution, zunächst der Priester. Die hier einsetzende Entstehung von Informationsberufen wird entscheidend für die langfristige Dynamik des Wissens, weil damit Wissen nicht nur – der Umwelt – entnommen oder – als Tradition – weitergegeben wird. Wissen als Beruf enthält die Möglichkeit eines neuen Wissens, das nicht „passiv" aufgenommen, vielmehr „aktiv" hervorgebracht wird. Diese Erfahrung eines neuen Wissens, die „nach außen" öffnet, tritt neben jene des alten Wissens der Erinnerung, die „nach innen" öffnet, d. h. mittels derer sich eine Gruppe, eine Person ihrer Herkunft als Identität, als Selbstverständigung zu versichern sucht. Erinnerung konstituiert „Zeit" als Artefakt zusätzlich zu jener „physiologischen" Komponente, in welcher die Zeit durch das Wissen vom Tod gegründet wurde. Wo mehr Informationen aus der Umwelt entnommen werden, als zum „symmetrischen" Überleben notwendig wäre bzw. wo mehr Nahrung verfügbar wird als man dazu braucht, entstehen Brüche. Aus der Mobilität des Nahrungssammlers wird die Immobilität des Nahrungserzeugers, der Informationen zur weiteren Erhöhung des Überschusses einsetzt. Er arbeitet: Arbeit ist die Übersetzung von Informationen durch Technik zum praktischen Zweck der Lebenssicherung, Lebenssteigerung. Wo aber ein solcher Überschuss vorhanden ist, entsteht die Möglichkeit eines Lebens ohne – körperliche – Arbeit, entsteht zugleich die Möglichkeit, sich diesen Überschuss – an Information, an Nahrung – anzueignen. Es entsteht Herrschaft und jene Form von Gewalt, die Beute sucht oder vor Beutemachern schützt. Im Zustand des Überschusses erfüllt Herrschaft eine Funktion, denn sie befriedet nach innen über die Aneignung der Gewaltfähigkeit als Befriedung durch das Recht, und sie verteidigt nach außen, schützt die

Gesellschaft, verstärkt in ihr das Gefühl der Zusammengehörigkeit. „Geschichte" ist demzufolge ein Prozessgeschehen, mit Information, Gewalt, Energie als Triebkräften. Information entsteht im Kontakt mit der Umwelt wie mit anderen Gesellschaften, aber ebenso aus der Differenzierung der Gesellschaft selbst, die den Handelnden die Chance bietet, eigenständig Erfahrungen zu machen. Gewalt ihrerseits ist als Fähigkeit der Bedrohung, Zerstörung eine Ursache von Information und dadurch die Ursache von Herrschaft, die solche Information umsetzt in Politik. Energie wiederum ist Beginn wie Ziel dessen, was Arbeit möglich macht: Technik. Der dazugehörige Energie-Satz besagt auch: Arbeit wird in jenem Maße produktiv, in welchem sie ihre Verfügung über Energie auszuweiten vermag. Jede dieser Größen besitzt ihre eigene Zeiterstreckung, denn wenn die Gewalt im Kurzfristigen, die Information im Mittelfristigen anzusiedeln wäre, so entwickelt sich die Energie im Langfristigen. Sie befreit die Arbeit vom Körper, doch bis ihr das gelingt, braucht es Jahrtausende. Die Gewalt bewegt sich in Jahrzehnten, mindert sich in der Handlungszeit der Großen Täter auf Jahre. Dazwischen steht die Information als Zeit der Rezeption, Interpretation, die über Jahrhunderte geht, der Innovation, die erst spät zur Struktur wird, sich dann jedoch in Jahrzehnten beschleunigt. „Geschichte" wird damit zu einem Vorgang, in dem Gewalt, Arbeit, Kommunikation im fragilen Zusammenhang der Gesellschaft und ihrer (moralischen) Selbstverständigung herrschaftlich geordnet werden. Die „Zeit" als Index des Historischen ist daher von Anfang an als etwas Mehrfaches in ihm enthalten, in den Zeiten des Lebens von Einzelnen, von Generationen, in der Zeit der Zivilisation, mit den Turbulenzen der Gewalt dazwischen, bis schließlich auch die Zivilisation zerfällt: Nicht jedes Ende ist ein Anfang, doch jeder Anfang setzt ein Ende. Darin beruht das Geheimnis des Schöpferischen, der Dynamik von Geschichte insgesamt, dass immer wieder ein Anfang gemacht werden kann, der ein Ende setzt, anstatt es bloß hinzunehmen. Dabei bleibt der Konjunktiv der Modus des Historischen: Er kennzeichnet Geschichte, menschliches Handeln, als Möglichkeit und Ungewissheit zugleich.

Es gibt also einen Bereich der Statik, der Symmetrie, und einen der Dynamik, des Symmetriebruchs und es gibt ein fortwährendes Bestreben zur sekundären Wiederherstellung solcher Symmetrie. Symmetrie ist Handeln im Zustand vollständiger Information (d. h. es gibt hier keine Ungewissheit der Zukunft). Asymmetrie ist Handeln im Zustand unvollständiger Information

(d. h. es gibt hier auch Zukunft als Ungewissheit). Asymmetrische, historische Gesellschaften realisieren dies durch Herrschaftsgründung, weil nur so „Sicherheit" erreichbar scheint, Erwartbarkeit des sozialen Handelns. Dabei wird das „Numinose" einer Symmetrie-Gesellschaft zum „Absoluten" der Asymmetrie, weil mit der sozialen Differenzierung, der wachsenden Anonymität zwischen den Mitgliedern einer Gesellschaft, die sozialen Normen nur durch den Bezug auf ein Geistiges zu festigen sind, das sich nicht im Kleinräumigen des Ahnenkults verliert. Aus vagen Naturmächten wird die benennbare, erzählbare Götterwelt, Gottheit. In Kleinverbänden mit persönlichem Kontakt und wenigen, wiederkehrenden Verhaltensmustern genügt die Wirksamkeit der sozialen Kontrolle und deren Albdruck im Bewusstsein ihrer Angehörigen. Größere, arbeitsteilige Gesellschaften hingegen benötigen einen anders gearteten Furchtabdruck, um eine Regelbeachtung auch da zu erhalten, wo weder die unmittelbare soziale Kontrolle noch die unmittelbare Präsenz der Gewalt vorhanden sind. Hier entsteht „Moral" als das, was die Gebräuche, Sitten eines dicht integrierten Kleinverbandes hin auf die große Gesellschaft übergreift, indem es sich auf ein Absolutes bezieht. Das Absolute artikuliert Gebote, Verbote, deren Wucht im Zeitlichen aus ihrer Herleitung von etwas entsteht, vor dem alle Menschenzeit winzig geworden ist. Herrschaft vermag Gesellschaft nur dann zu stabilisieren bzw. diese sich in ihr, wenn sie mehr wird als Herrschaft über den Körper, wenn sie auch Herrschaft im Bewusstsein erlangt: Schwindet der Normabdruck im Bewusstsein, kehrt der Fußabdruck der Gewalt in die Gesellschaft zurück.

Menschen vergesellschaften sich, da sie nur auf diese Weise „Sicherheit" hervorbringen können. Dabei machen sie zwei elementare Erfahrungen: die der „Produktion" (anstatt einer Nahrungsbeschaffung „für mich und jetzt") und jene des „Allgemeinen" als dessen abstrakter Parallele (es gibt etwas, das größer ist als ich: die Gesellschaft, die Gottheit). Der Mensch „transzendiert" sein sinnlich-situatives Dasein, indem er die Kurzzeit seines Lebens in die Langzeit des Allgemeinen hineinversetzt. Das geschieht meist durch die nachahmende Übernahme der Normen, wird aber dort, wo es ein Denken ausbildet, zur Leistung einer neuen elitären Klasse neben den Gewalttätern, Kriegern: der „Geistlichen" verschiedener Art, der Priester, Gelehrten, Lehrer. In der asymmetrischen, ungesicherten Gesellschaft erhält das Denken seinen Ort. Langfristig, im Kontext von Information, Wissen, ist dies das bedeutsamste Moment von Dynamik, das nach dem Bruch der Symmetrie entstanden ist, nicht zuletzt, weil sich – spät, doch dann radikal – das Wissen mit der Technik verbindet. Bereits in den Anfängen tritt die Technik als dritte Abstraktion neben die soziale, die religiöse. Technische Abstraktion ist Distanzschaffung zur Natur durch das Werkzeug. Sie konstituiert den Menschen als einen, der in der Distanz sein Wesen findet und tut damit etwas, das auch die anderen beiden Abstrahierungen tun. Sie distanzieren den Menschen von der Natur, definieren sein Dasein als eines der Vermittlung, hin zur Natur, hin zur Gesellschaft, hin zum Absoluten, durch Technik, Sprache, Normen, Kult. Das Ziel der Vermittlung ist die Sicherheit. Gesellschaft ist, wo Abhängigkeit ist, wo Menschen Sicherheit suchen. Durchbrechen kann diesen Kreis allein der Bedingungslose, dem sein Leben nichts gilt und der es entweder auf Gott wirft oder aber als Gewalt in die Gesellschaft (oder beides).

In der Asymmetrie der „politischen", d. h. herrschaftlich durchformten Gesellschaft differenzieren sich die Kategorien zu Feldern, in denen Handlungszusammenhänge, Netzwerke entstehen, vergehen. Die wichtigste Kategorie dieser Differenzierung ist die der Gewalt, denn Herrschaft ist – zuerst wie zuletzt – Gewalt. Dass dies so ist, hat vor allem zwei Ursachen, denn zum einen ist die Gewaltfähigkeit eine biologische Grundtatsache (neben Nahrung und Sexualität), zum anderen wird sie zur sozialen Grundtatsache, sobald sich die Vergesellschaftung über die Kleingruppe hinausschiebt, sobald sich also ein stapelbares Mehrprodukt ergibt und die Territorialisierung sich verfestigt. Die Grenze eines Territoriums ist stets eine zwischen Sicherheit und Unsicherheit, mit der Forderung des Friedens innerhalb, der Möglichkeit des Krieges außerhalb davon. Seit Beginn der Geschichte ist die Gewalt ihre stärkste Kraft und ihre augenfälligste, schon weil sie in einer nahezu statischen, agrarischen Gesellschaft Beweglichkeit realisiert, eine schier endlose Gleichförmigkeit durch Handeln in der Kurzzeit unterbricht. Die Arbeit bleibt in dieser Gleichförmigkeit, weil die Technik sich kaum verändert. Soweit Herrschaft in die Verfassung der Arbeit eingreift, tut sie es, um sich den Überschuss anzueignen. Die Sprache ist beweglicher, weil sie über die Rezeption neuer bzw. die Interpretation vorhandener Informationen ein Moment der (geistigen) Mobilität in eine weithin immobile Gesellschaft hineinträgt. Wenn demnach die Triebkraft der Gewalt aus dem Konflikt um die Aneignung von Ressourcen (Arbeit, Boden,

Wasser, Rohstoffe) hervorgeht, so gründet die der Sprache im Konflikt um die Begriffe, welche die soziale Verständigung steuern. Die Triebkraft der Technik hingegen ergibt sich aus dem Streben nach Energie. Die Dynamik der Geschichte „im Großen" bestünde dann darin, in welchem Verhältnis und in welchen Zeiträumen sich diese Triebkräfte zur Geltung bringen, wie sie aufeinander eingewirkt haben.

Eroberung und Rezeption bleiben damit die Mechanismen der Geschichtsbewegung über die Jahrtausende hinweg. Imperien etwa sind Gebilde aus beidem. Sie gewinnen Dauer nur, d. h. integrative Kraft, wenn sie rezeptionsfähig sind und sie verlieren ihre Fähigkeit zu dauern, wenn sie ihre Rezeptionsfähigkeit verloren haben. Wesentlich hierfür ist die Beweglichkeit der Elite. Sie trägt die Herrschaft in die Gesellschaft, ohne sie wären die Herren machtlos. Über bewegliche, mehr oder minder aufstiegsoffene Eliten werden neue Informationen in die Gesellschaft integriert, aber auch der Herrschaft verfügbar gemacht, wenn nicht aufgezwungen. Es kommt zu Vorgängen des Lernens. Gesellschaften expandieren, wie Individuen auch, wenn sie Herausforderungen in Lernen umwandeln können. Eine selbsttragende historische Dynamik ist die Folge. Eine Elite wäre dann jene Personengruppe, welche ein Netzwerk konstituiert, das die verschiedenen kategorialen Felder integriert. Je differenzierter dieses Netzwerk wird, desto heterogener wird auch die Elite, und wenn es die Tendenz von Eliten ist, homogen zu sein, sich abzuschließen, dann liegt der Schluss nahe, dass kulturelles Lernen meist das Ergebnis eines Elitewandels, des Aufstiegs neuer – potentiell – elitärer Schichten ist. Daher sind Gesellschaften am lernfähigsten, deren Elite sich pluralisiert. Sie sind zugleich am flexibelsten, d. h. stabilsten: „Die Gesellschaft hat mir eine Chance gegeben, deshalb erkenne ich sie an." Eine Gesellschaft gleicher Chancen gibt es nicht, wohl aber eine der Chancen. Die Relativierung der Waffenträger, aber auch die Spaltung der Wissensträger in Kleriker und Gelehrte, vor allem aber der Aufstieg der Handwerker, Händler, Bürger führt zur Pluralisierung als dem günstigsten Zustand von allen für die Freisetzung einer selbsttragenden sozialen Dynamik. Dynamik und Statik sind demnach die grundlegenden Weisen jeder Untersuchung der Geschichte. Die Dynamik ist ein Bereich irreversibler Zeit, die Statik einer der reversiblen. Die Statik ist durch Symmetrie gekennzeichnet, die Dynamik durch Asymmetrie. In der Symmetrie lässt sich ein „idealer" Zustand von Gesellschaft denken: Platos „Staat",

Hobbes' „Leviathan" so gut wie Rousseaus „Gesellschaftsvertrag", Marx'
„klassenlose Gesellschaft". Der Asymmetrie halten solche Gebilde nicht
stand, gleich welchen Menschenpreis man dafür auch zu entrichten bereit
ist.

Die Zukunft ist unbekannt, sonst wäre sie nicht vorhanden. Die Zukunft
ist nicht voraussagbar, weil in ihr Ereignisse zustande kommen, die nicht
vorhersehbar sind. „Zukunft" ist der Irrtumsraum des menschlichen Handelns: Daher dessen (unaufhebbare) Unsicherheit, daher aber auch dessen
(aufgebbare) Freiheit. Geschichte ist (daher) die Möglichkeit des Möglichen.
Das bedeutet, dass jeder historiografische Satz ein Ceteris-Paribus-Satz ist,
d. h. er anerkennt ausdrücklich seine Relativität, die Begrenztheit seiner
Gültigkeit, weshalb es keine historischen All-Sätze geben kann. Keine Aussage über Künftiges ist mehr als eine Aussage über Vergangenes, dem alle
ihre Informationen entstammen und aus denen sich nur Szenarien bilden
lassen, keine sicheren Voraussagen. Überdies erfolgt jede solche Erzähl-
konstruktion vor dem Moral- und Machtzustand der Gegenwart, d. h. die
so hergestellte bestimmte Vergangenheit endet im jeweiligen „Jetzt": Aus
dem Jetzt ergibt sich das Vergangene als „Kausalität". Daraus folgt, dass
es keine historische Prognostik geben kann, weil geschichtliche Abläufe
nicht linear sind, vielmehr dynamische Zusammenhänge in Netzwerken,
deren Informationsflüsse nicht im voraus fassbar sind, weil man weder die
keineswegs stabilen Weisen der sozialen Verarbeitung von Informationen
voraussagen kann, noch, welche Informationen neu auftreten werden. Irreversibilität entsteht. „Zukunft" wird zu einer Bewußtseinsgröße, weil
sie im Hier und Jetzt, im Gegenwartskreis des Lebens, Handelns, nicht als
Wissen vorhanden ist, weil sie Unsicherheit bleibt. Tradition entsteht aus
dem Versuch, die Zukunft „abzusichern". Wenn das Streben nach Sicherheit
die stärkste Kraft in der Sozialwerdung des Menschen ist, dann deshalb,
weil die Zukunft in das Bewußtsein eingebrochen ist. Die Furcht vor dem
Neuen als Furcht vor dem Einbruch der Unsicherheit in eine Gesellschaft,
die aus einer möglichst langen Kontinuitätserzählung „Sicherheit" abzuleiten suchte, diese Furcht durchzieht nahezu die ganze Geschichte, ehe im
kurzen Moment der Moderne aus Zukunft „Chance" wurde, nicht Gefahr. „Chancen" – das sind undurchsichtige Geflechte aus Möglichkeit und
Risiko. Doch in radikaler Differenz zur „Fatalität" der Agrargesellschaft
sind sie Aufforderungen zu zielbewußtem Handeln. Zu tun hat das mit der

Kategorie der (starken, d. h. energieintensiven) Technik und ihrer massiven Umkehrung der Natur von Unsicherheit, Mangel, zu Sicherheit, Ressource (bis auf weiteres.). Vergangenes Wissen kann demnach kein künftiges Wissen sein, wenn es um den Bereich der Ereignisse geht, also um den Bereich der kurzen Zeit. Die kurze Zeit ist Handlungszeit und um in ihr „vernünftig" zu werden, wird man sich in der Politischen Philosophie um das „Zu-Tuende" bemühen, doch im historischen „Rahmen" der Reflexion, der den Behauptungen des Absolutismus wehrt. Untersucht man hingegen die Geschichte in ihrem Eigentlichen, der langen Zeit, so ergeben sich durchaus Muster. Zunächst erkennt man drei Größen, nämlich das massenhaft Kleine, d. h. den einzelnen Menschen, sodann das abstrakt Große, also die grundlegenden Kategorien, schließlich ein wahrnehmbar Großes, eben die Abläufe der Ereignisgeschichte. Dabei lassen sich symmetrische und unsymmetrische Abläufe von Ereignissen unterscheiden, also solche, die einer Ableitung aus vorangegangenen Zusammenhängen entsprechen und jene, die es nicht tun. Asymmetrische Abläufe ergeben sich da, wo sich Institutionen destabilisieren, aus denen eine bestehende Herrschaft ihre Autorität, auch ihre Gewaltfähigkeit bezieht. Dabei gewinnt das Handeln Einzelner Entscheidungspotential, meist von Personen, die erst durch die Krise sozial aufsteigen. Auch in (quasi) symmetrischen Abläufen handeln Einzelne, aber sie tun es in einem vorgegebenen Kontext, der nicht „alles möglich" werden lässt. Doch bleibt hier der Gewaltzustand (Krieg, Bürgerkrieg, Terror) stets ein Ausnahmezustand, in dem jeder begrenzende Kontext brechen kann. Kontexte schaffen einen Ordnungsrahmen für den gesellschaftlichen Diskurs, sie geben Grenzen vor, bilden mentale Räume aus, in denen die Erwartbarkeit aus der Fortdauer des Bekannten „Sicherheit" schafft. In ihnen ist Herrschaft die Dominanz der Autorität, die Redundanz hervorbringt, d. h. die Fähigkeit, kleine Abweichungen zu schlucken. In asymmetrischen Zuständen hingegen entsteht ein „timurisches Moment" für all jene, die imstande sind, Gewalt als Organisation und Bewußtsein zu fassen, Radikale wie Timur, Cortez, Napoleon, bis Stalin, Hitler, Abu Bakr al-Baghdadi usf: Es gibt Menschen, die, wenn sie aus dem Leben stürzen, nichts hinterlassen als den Fluch, mit dem sie gestorben sind. Asymmetrische Zustände sind Gewaltzustände, die nur durch Diktatur „geordnet" werden, denn sie verfügen über keine Redundanz aus einer in der Langzeit verwurzelten Autorität. Bereits kleine Änderungen können unvorhersehbare, unkontrollierbare

Abläufe auslösen. Die für (quasi) symmetrische Zustände anzunehmende lineare Wahrscheinlichkeit einer (nahen) Zukunft, welche der Vergangenheit ähnelt, schwindet.

Wenn es drei grundlegende Momente einer Theorie der Geschichte gibt, dann sind es die Frage nach dem Anfang, also nach dem, was überhaupt notwendig ist, damit es Geschichte geben kann, sodann die Frage, warum es Veränderung, Entwicklung gibt, schließlich die Frage nach einer „Ordnung in der Unordnung". Die Frage nach dem Anfang verweist auf die Entstehung von Gesellschaft, insbesondere einer zivilisatorischen Gesellschaft mit Arbeitsteilung, Gewaltregulierung, Moralregulierung, Mehrprodukt, Güterverteilung, Elite, Herrschaft. Aus der Knappheit von Mehrprodukt und Ehrerbietung, d. h. dem Gehorsam der Anderen, entsteht der Konflikt um ihre Aneignung, innerhalb der Gesellschaft wie von außen durch Eroberung, Überlagerung. Wenn Gesellschaft als Symmetrie ein Gebilde zur Herstellung von Sicherheit ist, dann wirft der Konflikt um „Macht" die Asymmetrie in sie hinein. Die Gewalt tritt hinzu, denn sie muss gleichfalls zur knappen Ressource werden, durch Akkumulation der Gewaltfähigkeit bei den Wenigen, ähnlich wie das Mehrprodukt und die Ehrerbietung akkumuliert werden. Dieser Konflikt um die Verfügung über „Macht" wirkt als Triebkraft der Veränderung. Aus ihm entstehen immer wieder Inseln der Symmetrie in der Balance von Gewalt und Autorität, die immer wieder in Asymmetrie, Chaos übergehen. Die Technik verharrt hier in der Langzeit, der kaum bewegten Zeit. Die Gewalt, z. T. auch die Sprache, kennzeichnen jene kurze Zeit, welche man als Ereignisgeschichte wahrnimmt, d. h. als eine, in welcher es der rasche Wechsel der Ereignisse ist, durch den sich Geschichte als Vorgang der Veränderung bemerkbar macht. Die Technik muss also ihren Zeit-Modus ändern, um in dieser Weise geschichtsrelevant zu werden, d. h. sie muss in die Kurzzeit einbrechen, muss selbst Kurzzeit werden und das ist ihr erst in den letzten zwei Jahrhunderten gelungen, seit der „Industriellen Revolution". Möglich geworden ist das durch eine offene, gesellschaftsgegründete Form der Elite, in welcher die Ehre über die Herrschaftseffekte von Gewalt und Kult hinaus auf die Arbeit, den Erwerb ausgeweitet worden war.

„Geschichte" ist also ein Zeit-Komplex, in dem die sie gründenden Kategorien: Gewalt, Technik, Sprache, Sicherheit, unterschiedliche Netzwerke bilden, von denen jedes eine eigene Dimension von „Zeit" ausformt, als

kulturelle Interpretation dessen, was „Zeit" sein soll, aber auch als fakti-
scher Verlauf im Wechselspiel der Kategorien, dramatisch akzentuiert vor
allem durch die Geschehnisse der Gewalt. Dieser Zeitkomplex differenziert sich in zwei ineinander übergehenden Dimensionen, einer materialen
(Arbeit, Gewalt), einer mentalen (Kommunikation, Werte). Wollte man
die (universalhistorische) „Entwicklung der Zeit" zeichenhaft fassen, so
kann man dazu auf die demografische Linie der Bevölkerungsentwicklung
zurückgreifen, die über Jahrtausende einen insgesamt kaum merklichen
Anstieg aufzeigt, um seit Ende des 18. Jahrhunderts ins Exponentielle zu ex-
plodieren. Die Ursache ist einfach zu benennen: Der exponentielle Umbruch
in der Technik. Die Konsequenz ebenfalls: Das exponentielle Wachstum des
Informationsflusses. Das Potential des Exponentiellen ist das des Technischen, d. h. einer Aneignung der Natur durch Werkzeuge und werkzeug-
haftes Wissen. Es war vorhanden, sobald der Mensch vorhanden war, also
ein aufrechtgehendes Lebewesen, das zweckhafte Vorrichtungen herstellte
und mit sich forttrug für künftige Zweckhandlungen. Er hatte damit die
„Zeit" entdeckt, jene erste, in welcher Arbeit „jetzt" (im Werkzeug) für
Zwecke „künftig" investiert wurde. Mit Hinzufügung der zweiten Zeit,
jener des Wissens um den eigenen Tod, wird die Zeit zur Möglichkeit des
Bewußtseins. Eine Art „dritter" Zeit schließt sich an, die soziale, als Zeit
der Anderen, Zeit der Regeln, Normen. „Vergangenheit" entsteht, weil
eine soziale Verbindung sich nur als das zu fassen vermag, was sie gewesen ist: Hätte sie keine Vergangenheit, es gäbe sie nicht. Vergangenheit ist
Sicherheit, selbst ihre Schrecken sind Wissen, die der Zukunft aber nicht.
Erst wenn die Technik stark zu werden beginnt und mit ihr die Vorstellung,
„alles" sei herstellbar, erst dann ändert sich das Machtverhältnis von Vergangenheit und Zukunft bzw. die jeweiligen Zuschreibungen von Sicherheit
und Unsicherheit. „Zeit" ist hier eine Erscheinung jener anthropologischen
Erfahrungen, die „Geschichte" erst ermöglichen. Ohne die Zeiten des Werk-
zeugs, des Todes, der Anderen, wäre die Möglichkeit von Geschichte nicht
entstanden. In ihr bündeln sich die Menschenzeiten zu Zeitaltern. Drei solcher Zeitalter kann man unterscheiden: die Naturalphase, die Agrarphase,
die Technologiephase. In der Naturalphase ist die Technik wesentlich für
das Überleben der Menschen, die sich durch Technik als „Menschen" unter
den Lebewesen begründen, ihre physische Schwäche im Doppelverbund
von Werkzeug und Waffe kompensieren. Werkzeug wie Waffe erzeugen

ein Handeln, das die Potenz des Körpers weit übergreift, gleichwohl von ihm ausgeht. Das vollkommen Künstliche, Unnatürliche von Werkzeug und Waffe führt zum Paradox der Distanz, wie es den Menschen fortan begleitet, zuerst als Distanz zur Natur, die symbolisch bewältigt werden muss. Riten bilden sich aus, „Kunst" entsteht. Die Distanz zum anderen Menschen bleibt gering, wird noch durch intime Vertrautheit überbrückt. Etwas Politisches ergibt sich nicht, weil die Gewalt primär Jagd bleibt, und auch die Arbeit spielt keine wesentliche Rolle, weil kein (stapelbares) Mehrprodukt entsteht, das angeeignet werden könnte. In der Naturphase also „handelt" der Mensch bereits in der Natur, doch seine erste Technik bleibt zu schwach, um mehr zu bewirken als Überleben. Daher auch die kaum merkliche demografische Entwicklung. In der nächsten, der Agrarphase, beschleunigen sich Zeit wie Demografie bedeutsam. Das Herstellen – als Modus des Technischen – wechselt von der Gerätschaft (Werkzeug, Waffe) auf die Nahrung selbst. Der Werkzeug-Waffe-Nexus erweitert sich von der Natur auf das, was nun – im Vorzeichen des Mehrprodukts – zu Gesellschaft wird. Diese Gesellschaft ist stationär geworden, d. h. sie hat sich von der – die mobilen Tierverbände nachbildenden – Horde zu einem Willensgebilde fortgebildet, einem (sozialen) Artefakt im Zusammenhang von Artefakten (Landbau, Stadt, Tempel, Straße usw.). Die Gewalt wird nun zur Bezugsgröße, als Aneignung bzw. Verteilung des durch Arbeit „erwirtschafteten" Mehrprodukts wie als Sicherheitsleistung durch Gewaltkonzentration bei der Herrschaft, die Frieden und Recht sowie Verteidigung zu gewährleisten hat. Dazu verbindet sie sich mit der „Sprache", um den Beherrschten auch mentale Sicherheit zu verschaffen, indem sie die leitenden Begriffe bzw. Werte kontrolliert, „Moral" der Gesellschaft dem Göttlichen gegenüber zu repräsentieren behauptet. Die wie endlose Zeit der Naturalphase, in der allein die Naturzeit (Jahreszeiten, Klimazeiten) eine anonyme Akzentuierung setzte, relativiert sich zur Geschichtszeit und ihr Relativierungsfaktor ist die Gewalt, die menschliche „Kurzzeit" in die Naturzeit hineinzwingt. Die Technik hingegen bleibt in der physiologischen Energiefalle gefangen, was bedeutet, dass die Symbolbedeutung des „Herstellens" nicht im Bewußtsein regulativ werden kann. Die Gewalt wird bestimmend in der Kurzzeit, sie legt fest, wer „Herr'" ist und wer „Knecht". Mit ihr entsteht eine „herrschende Klasse" in jener fortan bleibenden Doppelung von Gewalt und Sprache: Herrschaft über die Körper und Herrschaft über das Bewußtsein.

Der Zeitbruch, mit dem schließlich die Technologiephase beginnt, ist wiederum einer der technischen Herstellungskapazitäten, doch diesmal radikaler denn je zuvor. Die Voraussetzungen hierfür bestanden in der Abtrennung des Wissens vom Komplex des Herrschafts- und Sakralwissens, zum anderen in der Abtrennung der Energie von der lebendigen Arbeit. Die Energie liefernde Maschine (Kraftmaschine, Generator) entsteht, die Technik wird vom Handeln (aus Erfahrung) zum Wissen (aus Wissenschaft). So wie die Arbeit verändert auch die Gewalt ihre Struktur im neuen Schwerefeld der Technik. Sie wird radikal abhängig von Technik und steigert ihr Vernichtungspotential bis hin zur Menschheitsvernichtung. Die Technik bestimmt den Diskurs, die gesellschaftliche Selbstverständigung als Vorstellung einer Herstellbarkeit „von allem" (von der Fortpflanzung bis zum Klima) und sie bindet das Dasein der Menschheit an ihr Funktionieren (von Infrastruktur, Wirtschaft, Demografie bis zur nuklearen Auslöschung). Diese Entwicklung wird weitergehen, getrieben von Mikroelektronik, Software, Robotisierung, totaler Vernetzung (Gesellschaft 4.0). Die technische bzw. „Werkzeugzeit" war immer auf „Zukunft" gerichtet: Indem sie vom Modus der langen in den der kurzen Zeit wechselt, entfaltet sie ihr radikales Potential.

Versucht man demnach eine Periodisierung der Geschichte entsprechend der wechselnden Konstellation der kategorialen Felder, so ergeben sich drei Zustandsformen: eine proto-symmetrische, eine asymmetrische, eine radikal-dynamische. Zur ersten: Der Mensch vergesellschaftet sich um der Sicherheit willen. Deshalb ist im ersten Zustand der Gesellschaft die „Sicherheit" die Dominante. Arbeit, Sprache, Gewalt bleiben Randbereiche mit nur geringen Schnittmengen zur Sicherheit, weil der soziale Verband zahlenmäßig klein ist, kein stapelbares Mehrprodukt erzeugt wird, die Kommunikation im Rahmen familialer Vertrautheit verläuft. Die Gewalt ist domestiziert und ritualisiert, findet vor allem als Jagdgewalt statt, allenfalls noch in der Behauptung eines nur vage abgegrenzten Lebensraums. Wie die Technik, an der sie über einfache Waffen partizipiert, spielt sie keine wesentliche Rolle in der Erbringung von Sicherheit. Die einfachen Werkzeuge grenzen zwar den menschlichen Daseinserhalt vom tierischen ab, doch ein nennenswerter Überschuss wird nicht gebildet. Für die Entstehung von Herrschaft besteht damit weder ein Erfordernis noch eine Möglichkeit. Die Hierarchie bleibt flach. Ein „Mehr-als-Überleben", d. h. Kultur, gibt es allenfalls im kultischen Bereich als Umgang mit dem Numinosen. In einem zweiten Zustand nun entsteht Dynamik als Effekt einer Ordnungssuche im Kontext von Unordnung. Die physische wie mentale Sicherheit des Kleinverbandes ist durch einen demografischen Schub verloren gegangen. Die Gesellschaft formiert sich aus der zunehmenden Fremdheit ihrer Angehörigen, was eine transpersonale Ordnung des Verhaltens nötig werden lässt. Herrschaft bildet sich aus und mit ihr eine Verteilung an Nicht-Arbeiter, Herrschaftsträger (Herren, Priester, Krieger, Schreiber etc.). Die Gewalt beginnt dominant zu werden, weil Konflikte um die Aneignung des Überschusses zunehmen. Damit schiebt sich die Gewalt weit in die Felder von Arbeit und Sprache hinein, zugleich wird die Sicherheit reduziert. Sie gerät zunehmend in Abhängigkeit von der Gewalt (als Bedrohung, als Schutz). Die Arbeit macht das Mehrprodukt verfügbar, gleichzeitig wird die Technik wichtiger, als essenziell für den Gewalterfolg, kaum minder als wesentlich für die allmähliche Steigerung des Mehrprodukts. Da dies nur langsam erfolgt, sucht sich die Gewalt über Beute, Eroberung ein größeres Mehrprodukt zu verschaffen. Bedeutsam wird vor allem die Überschneidung des Gewaltfeldes mit dem der Sprache, denn um Herrschaft zu stabilisieren, bedarf sie sowohl der Rechtfertigung in der Kommunikation wie der Einbringung ihrer Gehorsamsregularien, Normen in die sprachliche Verständigung. Im dritten Zustand schließlich wird die Technik zur Dominante. Wie beim Wandel vom ersten, proto-symmetrischen zum zweiten, asymmetrischen Zustand erfolgt auch hier ein demografischer Schub als Folge eines Umbruchs in der materiellen Herstellung des Lebens. Die Technik verbindet sich mit der Sprache, wird zu einer durch systematische Wissenserzeugung getriebenen Produktivitätserzeugung. Damit zieht sie zugleich die Sicherheit weitgehend an sich, die nun aus ihrer Abhängigkeit vom Gewaltfeld heraustritt und wieder vorrangig materielle (soziale) Sicherheit wird. Die Gewalt wiederum gerät in eine umfassende Abhängigkeit von der Technik. Gewaltfähigkeit wird Technikfähigkeit. Die Technisierung als Dominante zeigt sich daran, dass sie alles durchdringt. Die Kommunikation wird technisches Medium, die Körpersicherheit durch Medizin wird zum technologischen Vorgang, das Töten ein ferngesteuertes Geschehen.

Der Mensch konstituiert sich durch das Werkzeug: Alles andere kommt danach. Er wird verschwinden, wenn er keine Technik mehr besitzt. Wenn es das „Wesen" des Menschen ist, sich zu vermitteln, dann ist die Technik die erste Form solcher Vermittlung zur Natur hin, d. h. zum Überleben hin, so wie dann Zeichen, Sprache, Formen der Vermittlung zwischen Menschen sind. Vermittlung erzeugt Bedeutung, erfordert Deutung. Ohne Technik gäbe es keine Dynamik, keine Geschichte. Sie beeinflusst alles andere: die Gewalt über Waffen und bessere Waffen, die Herrschaft über das Mehrprodukt und dessen Wachstum oder Verfall, die Kultur über den Einsatz von Technik für Bauwerke, Kunst, über den Einsatz technisch ermöglichten Überschusses für das Dasein von Künstlern, Denkern, die Sicherheit über die Sicherung und Erhöhung der Nahrungsverfügung. Dennoch bleibt auch die Technik in das Wechselgefüge der Felder eingebunden und eben dies erklärt, warum sie so spät zur Dominante werden konnte. Energie, Wissen, Ehre sind Faktoren, die erst in einer bestimmten Konstellation von „Elite" sich verkoppeln und erst dann kann die Technik auch in den verkürzten Zeiten der Geschichte zur dynamischen Dominante werden. Jede der vier Kategorien enthält also ein dynamisches Potential: Die Gewalt führt zur Herrschaftsbildung, zu Staat, Imperium, Krieg, Eroberung, Hierarchie. Die Sprache führt zu Kommunikation, Wissen, Erinnerung, Religion. Die Technik führt zu Arbeit, Mehrprodukt, Werkzeugen, Waffen. Die Sicherheit führt zu Gesellschaft, Kooperation, Solidarität, Frieden. Wie sich diese Dynamiken ausformen, berichtet die Geschichte.

2.3 Geschichte: Struktur

Was ist Geschichte? Ein in zwei Sphären verlaufendes Verzweigungsgeschehen, einer formalen Sphäre der Kategorien, einer materialen der Gesellschaften. (Man könnte sich die Theorie der Geschichte auch im Bild eines Baumes vorstellen, mit den Kategorien als Wurzeln, der Zivilisationsentwicklung als Stamm, den Einzelgeschichten als Geäst.) Den Unterschied macht die Zeit. In der formalen Sphäre bleibt sie ein Index, in der materialen wird sie zum Fatum. Geschichte wäre dann ein Raumgebilde aus zwei ineinander greifenden Sphären. Die kategoriale Sphäre sorgt dabei für die Einheit der Geschichte mit einer reversiblen Zeit der Meta-Strukturen, die materiale für ihre Vielfalt und für das Vorhandensein einer irreversiblen Zeit der quasi-kausalen Abläufe von Ereignissen. Ein Netzwerk entsteht. Die formale Sphäre wäre dann eine Grundordnung des geschichtlichen Geschehens, das sich als historische Zeit zu einzigartigen Netzwerken, Konfigurationen differenziert. Diese sozialen Netzwerke, Gesellschaften, enthalten das Formale als allgemeine Struktur. Sie sind deren wechselnde Interpretation in der Zeit, d. h. sie gewichten diese Struktur nach den jeweiligen Umständen: der kulturellen Umwelt durch das Vorhandensein anderer Gesellschaften, der natürlichen Umwelt durch die Nutzung verfügbarer Ressourcen, ihrer eigenen Binnenwelt bzw. Tradition durch die Wirksamkeit des überlieferten Wissens. Die historische Zeit entsteht dabei als kinetischer Effekt aus den Rückkoppelungen sozialen Handelns, die dessen Anfangsbedingungen ständig verändern, sowie aus dem Vorhandensein von Wissen als Wissen von einem Vorwissen: Jedes Wissen verweist darauf, dass vor dem „Jetzt" ein Vorher gewesen ist, jedes Handeln erfährt, dass es etwas ändert, auch das, was es nicht beabsichtigte: „Geschichte" ist Zeit, die Erinnerung hat. Die Wechselwirkungen solchen Handelns, in dem „Zeit" als Bewusstsein von Unumkehrbarkeit entsteht, bilden die Ereignisgeschichte. Das elementare Streben des Menschen nach Sicherheit gründet Gesellschaft als Erhaltungssystem, dessen Funktion darin besteht, Unsicherheit zu minimieren, Sicherheit zu maximieren: physisch (des Körperdaseins) wie psychisch (des Bewusstseins).

Zunächst zur formalen Sphäre. Sie besteht aus den vier Kategorien: Gewalt, Technik, Sprache, Sicherheit. Jede dieser Kategorien verzweigt sich in ein „Feld" differenzierender Faktoren, die ineinander greifen. Jedes Feld weist ein Bezugsmoment auf, von dem her es seine Bedeutung erhält. Für die Gewalt etwa ist es der Bezug auf die Verletzbarkeit des Körpers, was zu den Faktoren von Schutz und Beschädigung, Tötung, und von dort zu Herrschaft bzw. Politik führt, zu institutioneller Gewalt, aber ebenso zu Krieg, Bürgerkrieg, Terror, zu Kriminalität. Da Politik zwar aus der Konzentration von Gewalt als Herrschaft hervorgeht, aber nur als kommunizierbare soziale Ordnung funktioniert, ergibt sich eine Interaktion mit „Sprache": Ohne Rede, vom Befehl bis zur Rechtfertigung, gibt es keine Herrschaft. Als Bezugsmoment der Sprache dient die Erinnerung, denn ohne diese gäbe es sie nicht. Sie müsste fortwährend neu erfunden werden. „Frieden" wäre dann der soziale Zustand der Kommunikation, insbesondere in Form der Recht-„Sprechung", mit der Gewalt als lediglich fallweiser Präsenz. Sprache funktioniert nur, wenn bestimmte Regeln anerkannt werden, die dem Sprechen Ordnung verleihen, d. h. den kommunikativen Austausch ermöglichen. Je geringer demnach die kommunikative „Tiefe" ist, desto abhängiger wird eine Herrschaft von ihrer Gewaltfähigkeit, so wie generell gilt, dass Faktoren umso dynamischer werden, je intensiver sie mit solchen anderer Felder wechselwirken. Diese Interaktion der Felder zeigt sich auch in der Abhängigkeit der Gewalt von der Technik, welche ihr erst die Tötungsmittel verfügbar macht, aus denen die spezifische Vernichtungswucht der Menschengewalt hervorgeht. Eine weitere Interaktion hin zur Technik erfolgt über den durch werkzeughafte Arbeit erzeugten Überschuss, aus dessen Aneignung und Verteilung „Herrschaft" erst entsteht. „Herren" arbeiten nicht und nicht die Krieger als jene, die Herrschaft exekutieren. Gewalt konstituiert das Politische in einer Gesellschaft, Technik das Materielle. Ihr Bezugsmoment ist die Natur, die sie als Ressource zu realisieren versucht. Mit dem Werkzeug erzeugt der Mensch „Kunst", ein Künstliches, das in der Natur so nicht vorhanden ist. Er erzeugt sich eine Wirklichkeit, in welcher er als Schöpfer tätig wird, neben jener der Natur, in welcher er ein Lebewesen bleibt neben anderen. Technik ist damit ungleich mehr als Überlebenshandeln: Sie ist Bedeutungshandeln zugleich und damit bereits mit dem Sprachfeld verbunden. Sie ist Deuten, Wissen so gut wie Tun, wenngleich eines, das erst spät „Schrift" werden konnte, weil sie als Arbeit so scheinbar kausal mit dem Körper, der Körpermühe verbunden blieb. Arbeit ermöglicht Überschuss, weil sie werkzeughaft geworden ist. Überschuss ermöglicht Herrschaft, aber ebenso Tausch, Handel, d. h. Wirtschaften über bloßes Haushalten hinaus. Die Arbeitsteilung wäre dann die Anwendung des Werkzeugprinzips der Spezialisierung auf den Arbeitsvorgang selbst. Aus der Arbeitsteilung wiederum entsteht die Kooperation als soziale Dimension der Arbeit, die damit zugleich Kommunikation ist. Die Solidarität als Moment der Sicherheit tritt hinzu. Entscheidend jedoch wird der Faktor „Energie". Er realisiert ein Freiheitsverhältnis: zur Gesellschaft hin, indem er die Kausalität von Arbeit und Körpermühe auflöst, zur Natur hin, indem er das Machtverhältnis umkehrt: Nur mit energiestarken Geräten ist der schieren Trägheitswucht der Materie zu begegnen. Natur wird „Kultur", sie erhält im Menschen ihr Ziel und es ist die Technik, die es erzwingt. Technik ist immer zeithaltig, bereits im ersten Werkzeug, in dessen Fertigung Zeit angespart wurde, um mit seiner Verwendung künftige Zeit zu sparen.

Technische Zeit ist wiederholbare Zeit. Gewaltzeit ist unumkehrbare Zeit, Todeszeit. Sprachzeit ist ein Drittes. In ihr verbinden sich Wiederholbarkeit der Erinnerung und Unwiederholbarkeit des je bestimmten

Sprechakts zu etwas Neuem. Wie die Technik baut Sprache eine Kunst-Wirklichkeit aus Begriffen, die wie Werkzeuge gebraucht werden und die etwas herstellen können, das allerdings sinnlich nicht wahrnehmbar ist. „Die Welt" wird Sprache, sprachliche Vorstellung bis hin zu dem, was in keiner Welt mehr vorhanden ist, den Vorstellungs-„Welten" des Jenseits, der Transzendenz, auch der Ideologie. Sprache ist Wissen (Grammatik, Semantik), das Wissen (Informationen) transportiert. Sie ist, neben der Technik, der zweite Versuch des Menschen, die Welt in Bedeutung zu verwandeln, mehr noch: ihr Bedeutung für den Menschen abzufordern. Religion, als rituelle Verfestigung der Transzendenz, wäre dann ein Bemühen, die Schicksalsanfälligkeit des Menschen in Sicherheit zu verwandeln. In den Schrecknissen des Schicksals wurzelt jene existentielle Unruhe, ohne welche es keine Religion, „schöne" Kunst, Philosophie, Literatur gäbe. Als Kommunikation ermöglicht Sprache den Frieden in der Gesellschaft, ermöglicht Rechtfertigung von Herrschaft, verstrickt sich aber auch in Ideologie, wenn es um die Interaktion mit dem Gewalt-Feld geht. Hin zur Technik wird dann die Verschriftlichung der technischen Fertigkeiten wesentlich. Mit ihr öffnet sich der Weg zur Naturwissenschaft. Als kommunikatives Geschehen interagiert Sprache hingegen mit dem kategorialen Feld der Sicherheit, das wesentlich eines des sprachgeformten Bewusstseins ist, seine materielle Basis allerdings im technischen Effekt des Überschusses hat. Mit der Gewalt teilt die Sicherheit die Ausrichtung auf den menschlichen Körper. Ihr Bezugsmoment ist dessen (passive) Verletzbarkeit, d. h. seine Anfälligkeit für Verletzung, Krankheit, Altersschwäche, Hunger, seine Abhängigkeit von sozialer Zuwendung. „Politische" Sicherheit erhält der Körper von der Politik und ihrer Friedensfunktion. „Soziale" Sicherheit hingegen ist wechselseitig geübte Anteilnahme, mit der „Gnade" als Gestus hierarchischer Mildtätigkeit. Die Interaktion mit der Politik bleibt schwach, was sich erst ändert, als der Faktor „Sozialpolitik" hinzugefügt wird. Politik bzw. Herrschaft sucht die Interaktion mit dem Sicherheits-Feld nur insoweit, als dieses gewaltrelevant ist. Für den Schutz des Körpers vor Gewalt war das stets der Fall, weshalb hier die Körpersicherung grundlegend für die Herausbildung von Herrschaft, Politik geworden ist. Die soziale Sicherung jedoch politisierte sich erst mit der Industrialisierung und der damit veränderten Bedeutung des Faktors Arbeit. Dabei kommt es zu Veränderungen, bei denen die überkommenen Solidarverbände des „Klientels" und der „Genossenschaft" abgedrängt werden. Im Klientel sammeln sich Schwache um einen Starken, den sie als schützenden Herren anerkennen. In der Genossenschaft sammeln sich Schwache, um durch Zusammenhalt selbst stark zu werden. Der verteilbare Überschuss bleibt gering, weil die verfügbare Technik schwach bleibt. Mit der (energetisch) starken Technik seit der Industrialisierung ändert sich das. Der Überschuss beginnt rapide anzusteigen, die Technik wird Wissen, die Arbeit wird Moral. Im Arbeiter verkörpert sich der Neue Mensch als jener, der das Menschheitswerk tut, die Natur dem Menschen untertan zu machen.

Ohne Theorie ist eine rationale Durchdringung der Wirklichkeit unmöglich: Eine Wissenschaft, die nicht theoriefähig wird, ist keine. Rationalität ist Annäherung durch Begriffe, d. h. die Rückführung von Komplexität auf Beschreibbarkeit. Dabei gilt, dass Wirklichkeit nicht durch einen einzelnen Begriff bestimmt werden kann und es also auch kein einzelnes „Element" in der Wirklichkeit gibt, von dem alles andere abhängt. Der Versuch, „Wirklichkeit" beschreibbar zu machen, führt über die Dynamik mit ihrer irreversiblen Zeit zur Statik und einer Zeitart, die reversibel bleibt, denn auf beiden Begriffsebenen gibt es zwar „Zeit", also Empfindlichkeit des Zusammenhangs gegenüber Veränderungen in den Netzwerken, doch in der Dynamik sind diese unvorhersehbar, in der Statik hingegen nicht. Die Dynamik ist informationsgetrieben, denn ihre Bewegung ist das Ergebnis sich ständig verändernder Informationszustände, in denen ein gegebener Informationsbestand nie umfassend erhalten bleibt, vielmehr Verluste auftreten, Neues hinzukommt, mitsamt den in ihnen gleichfalls wirksamen Wandlungsvorgängen, wie dem der negativen Rückkoppelung, die auf die Stabilisierung eines Zustands, der positiven Rückkoppelung, die auf die Ausweitung einer Abweichung zielt. In der Dynamik, die durch Asymmetrie gekennzeichnet ist, lassen sich demnach lediglich Theorien „mittlerer Reichweite" entwerfen, die historische Gesellschaften behandeln. In der Statik hingegen wäre eine Theorie „allgemeiner Geltung" möglich, also Symmetrie-Annahmen über Kategorien und deren Differenzierung in „Felder", Netzwerke abstrakter Art. Auf der Symmetrie-Ebene lässt sich demnach durchaus eine „Geschichte" konstruieren, die allerdings nur als Gewalthandeln eingelöst werden kann, weil in ihr die Zukunft als Unsicherheit abgeschafft worden ist: Die Utopie behauptet die Überwindung der Asymmetrie durch die Weltrevolution der Geschichte, d. h. durch den

Umsturz von allem, was jemals in der Geschichte vorhanden war. Eine dritte Ebene, die der Philosophie, würde sich dann öffnen, wenn man Geschichte als Existenzweise des Menschen thematisiert und davon ausgeht, diese Existenz sei ihrem Wesen nach die Suche, Behauptung, Verwerfung von „Werten". Statik, Dynamik, Philosophie wären damit Denkebenen einer Theorie der Geschichte, mit der vergangenen, „verlorenen" Zeit und ihrer analytischen Methode als „atmende", offene Grenzzone zur zukünftigen, „zu gewinnenden" Zeit der Philosophie als Frage nach dem Zu-Tuenden. Dabei lassen sich einige Hauptsätze umreißen, die einen Radikalbegriff, Wurzelbegriff der jeweiligen Denkebene zum Ausdruck bringen. Für die Statik wäre das vor allem der soziale Erhaltungssatz: Das elementare Streben allen Lebens nach Sicherheit führt zur Vergesellschaftung, stets und immer wieder. Die Dynamik wird vorbereitet durch den politischen Erhaltungssatz: Die Entstehung eines stapelbaren Mehrprodukts, das angeeignet werden kann, führt zur Herrschaftsbildung, stets und immer wieder. Solche Sätze streben nicht nach dem größten gemeinsamen Nenner, vielmehr nach dem kleinsten gemeinsamen Vielfachbaren, also nach einer Begrifflichkeit mit Vervielfältigungs- bzw. Differenzierungspotential, das Anschlussmöglichkeiten an andere Sätze bietet. So etwa den Elite-Satz: In jeder solchen Gesellschaft setzt sich eine Minderheit über die Mehrheit, weil der wachsende Grad sozialer Komplexität eine Konzentrierung von Entscheidungskompetenzen erforderlich macht. „Herrschaft" ist damit die Akkumulation von „Überschuss" an Gütern, Information, Gewaltfähigkeit durch eine Minderheit, die ungleich besser organisiert ist als die Mehrheit. Nimmt man den Satz von der Herrschaft als eine Art ersten Hauptsatz der Dynamik, so tritt mit dem Kinesis-Satz der zweite dazu: Herrschaft wird instabil, wenn sie ihr Potential verliert, Gewalt und Autorität bei sich zu konzentrieren. Der Gleichgewichts-Satz ergänzt ihn: Zwischen der Gewalt (als Gewaltüberlegenheit) und der Autorität (als Moralüberlegenheit) sollte kein zu krasser Unterschied entstehen, sonst droht der Herrschaft die Erosion. Als dritter Hauptsatz ließe sich der Energie-Satz formulieren: Der Umfang an Energieverfügung bestimmt den zivilisatorischen Entwicklungsgrad einer Gesellschaft, wobei der strukturelle Übergang von der lebendigen zur toten Energie entscheidend ist. Der Ehre-Satz führt ihn fort: Nur wo Arbeit „Ehre" ist, kann Technik „Wissen" werden und nur wo Technik als Wissen „geehrt" wird, gibt es Innovation, gibt es energetische Dynamik.

Diesen drei inhaltlichen Sätzen muss noch ein formaler angefügt werden: der Relativitäts-Satz. Er besagt, dass jede historische Gesellschaft einen ihr spezifischen Kontext aus Gewalt, Technik, Sprache, Sicherheit ausgebildet hat, mitsamt der sie jeweils integrierenden Moral. Jede Gesellschaft muss – und kann – ihre eigene Form von Moral (er-)finden. Damit erklärt der Relativitäts-Satz zugleich, warum „Geschichte" überhaupt möglich ist: Sie hat den Zweck des sie hervorbringenden sozialen Handelns (die vollkommene Sicherheit von Bewußtsein und Körper für alle) nie erreicht und sie wird ihn auch nie erreichen (weil soziales Handeln in Netzwerken verläuft, die nicht vollständig kontrollierbar sind). Der Methoden-Satz ergänzt ihn: Wenn es zwei gesellschaftliche Bezugssysteme gibt, ein bewegtes (die eigene, „lebendige" Gesellschaft), ein ruhendes (eine fremde, „tote" Gesellschaft), dann muss die Betrachtung der eigenen Gesellschaft, in welcher man sich mitbewegt, eine andere sein als jene der fremden, weil deren Zukunft längst Vergangenheit geworden ist, eben „ruhend", abgeschlossen, zukunftslos. An dieser Relativitätsschwelle entsteht historische Erkenntnis. Wer sich ihr verweigert, betreibt Geschichtspolitik: Er weiß, was er bereits weiß und fordert von aller Vergangenheit, dasselbe zu wissen.

Man kann demnach versuchen, die Statik (als Bestandteil einer Theorie der Geschichte) in Sätzen auszudrücken, man könnte aber auch eine grafische Darstellung des Gemeinten anstreben, etwa in der Form eines Zweifach-Quadrats, das aus einem äußeren sowie einem darin enthaltenen (kleineren) inneren Viereck besteht. Die vier Seiten des äußeren Quadrats bilden die Zivilisationsstruktur (mit den Kanten „Technik", „Politik", „Kommunikation", „Sicherheit"), die des inneren Quadrats bilden die Elementarstruktur (mit den jeweils entsprechenden Kanten „Arbeit", „Gewalt", „Sprache", „Gesellschaft"). In diese zeichnerische Konstruktion ließe sich dann die Struktur einer jeweils konkreten Gesellschaft eintragen, als Asymmetrie, mit der (quadratischen) Symmetrie zur Symbolisierung einer „vollkommenen" Gesellschaft. Andere Möglichkeiten einer grafischen Versinnbildlichung wären die in Kreisen dargestellten Felder der Kategorien mit ihren jeweiligen Schnittmengen oder deren Ausdifferenzierung in immer komplexeren Netzwerken.

2.4 Summe

Der Mensch lebt, um zu leben: Von diesem Satz gehen alle anderen aus. Doch der Mensch ist ein Körper, der Bewusstsein hat. Das Bewusstsein ist der psychische Spalt in der Physis, Kultur ist seine Weiterung. Dieser Spalt zerteilt die Egozentrik, zwingt fort in die Soziozentrik. Gewalt, Technik, Sprache, diese kategorialen Möglichkeiten des Menschen, ergeben sich aus dieser Soziozentrik, also daraus, dass er die „Mitte" seines Daseins bei „den Anderen", in der Gesellschaft suchen muss. Diese Kategorien sind bereits in den Frühformen des Menschlichen angelegt: die Fähigkeiten zur Gewalt, zur werkzeughaften Nutzung von Objekten, zur Verständigung durch Zeichengeben, und das alles durchgreifende Bedürfnis nach Sicherheit. Um Wirklichkeit werden zu können, muss es Dauer gewinnen, muss es Sitten, Normen ausbilden, die als Vertrauen das soziale Verhalten regularisieren. Das Soziale muss ein Moralisches werden, das sich möglichst in einem Absoluten abstützt. Das Politische hingegen entsteht durch das dauerhafte Hinzutreten der Gewalt zum Sozialen: Der Staat ist der Zorn des Lebens. Seine materielle Bedingung besteht im Vorhandensein eines größeren Mehrprodukts, das durch Verteilung (statt Schenken) die soziale Differenzierung über die variable Aufgabenteilung der familialen Gruppe hinaustreibt. Wenn demnach das Soziale die Suche nach Sicherheit darstellt, dann wäre das Politische die Sicherung der Sicherheit, zumindest die Behauptung davon. Damit ist „Gesellschaft" selbst zu einem Weiterungsbegriff geworden, der alles soziale Handeln einschließt, von den flachen vorstaatlichen Verbänden bis zur strikt hierarchisierten Herrschaft. Was sich dabei ändert ist die Form der Verhaltensüberwachung, vom Nachbarschaftsdruck zu dessen zunehmenden Ergänzung durch formale Strafdrohungen, von einer in Riten geübten Moralität zu einer zunehmend formalisierten, versprachlichten Moral: Dieser Vorgang entspricht der Ausbildung von Kultur, also einer Differenzierung der Gesellschaft mit einer hierarchiegebundenen Güterverteilung sowie einer Formalisierung des Moralischen hin zur Priesterreligion und zur Rechtsprechung nach kodifizierten Normen.

Jeder soziale Verband versucht Sicherheit zu erreichen und er wird zu diesem Zweck die verfügbare Arbeit, die Gewalt, die Kommunikation, in ein entsprechendes Verhältnis bringen. Dabei differenzieren sich die Kategorien in Felder, die ineinander greifen. Aus der Interaktion dieser Felder entstehen Gesellschaften, die als Netzwerke die differenzierenden Faktoren der kategorialen Felder miteinander verbinden und in dieser Weise eine Struktur ausbilden, in der eine Hierarchie wirksam ist. Diese Hierarchie enthält die Momente „Ethos" und „Elite", d. h. eine hegemoniale Moralerzählung und eine kleine, doch predigt- und exekutivstarke „herrschende Klasse". Löst sich diese hierarchisch fixierte Struktur auf, kommt es zum Zerfall der Vernetzung. Die Dynamik eines sozialen Systems liegt also in der Wechselwirkung solcher Felder und sie nimmt zu, je differenzierter diese Felder werden, je mehr sie ineinander einwirken, d. h. je mehr Informationen entstehen, ausgetauscht, bewältigt werden müssen. Damit wächst jedoch die Unvorhersehbarkeit, d. h. die Unsicherheit, deren Vermeidung eigentlich das Ziel sein sollte. Die Rühmung des Bekannten (Tradition), die Verachtung des Unbekannten (Innovation) erfüllt folglich einen Systemzweck, eben den der Stabilisierung durch Informationsvermeidung. Dadurch wird allerdings zugleich die Flexibilität des Systems vermindert. Es verliert an Lernfähigkeit. Wo nur noch negative Rückkoppelungen wahrgenommen werden, d. h. Informationen, die auf den Erhalt oder die Wiederherstellung des Gleichgewichts zielen, kann dies dazu führen, dass die Widerstandsfähigkeit eines Systems gegen unerwartete Ereignisse abnimmt. Positive Rückkoppelungen hingegen führen zur Einbeziehung solch unerwarteter Abweichungen vom Erwarteten in das Funktionsmuster eines Systems. Das Abweichende wird als neu anerkannt und also weder negiert noch so in das Überkommene eingedeutet, dass es „alt" erscheint. „Geschichte" lässt sich demnach auf drei einzelne Kategorien plus einer integrierenden Kategorie zurückführen. Ihre Dynamik entsteht aus dem Ungleichgewicht bezüglich der Sicherheits-Integration, also aus dem Streben nach Sicherheit als Zweck von Gesellschaft und der Unvollständigkeit, Fragilität des jeweils Erreichten. Stabilität bzw. Instabilität lassen sich mit der Formel von Autorität und Gewalt beschreiben. Zustände der Instabilität werden zwar bis zu einem gewissen Grad dadurch kompensiert, dass Gewalterhöhung eine Autoritätsminderung ausgleicht. In einem derartigen Zustand jedoch können Störungen Folgeketten auslösen, die nicht vorhersehbar oder wenig wahrscheinlich waren. Zu solchen Störungen könnte man auch jene Großen Männer zählen, die wie aus dem Nichts auftauchen, Heroen der Unsicherheit, die ihre psychische Instabilität als absolutes Handeln auf eine schwankende Gesellschaft übertragen. Sie sind der „Zufall" in der Geschichte, aber nur insofern, als ein bestimmter Zustand sie erst ermöglicht. Das gilt für die Sphäre der Moral so gut wie für jene der Gewalt. Zu jedem realgeschichtlichen Verlauf sind andere denkbar, die im Kontext möglich gewesen wären. Kein Verlauf ist determiniert, er kann vielmehr in jedem seiner Momente verändert werden. Solche Veränderungen sind im Voraus nicht absehbar, sind „symmetrisch" nicht konstruierbar, weil alles Handeln im Netzwerk des aktiven und reaktiven Handelns anderer stattfindet, wobei bereits kleine Änderungen große Wirkungen verursachen können (aber nicht müssen). Dabei setzt sich durch, was kurzfristig Erfolg hat, d. h. die „Logik" ist der Erfolg: verschwindet er, verschwindet auch die Logik. Geschichte erweist sich daher als nichtlineares Verzweigungsgeschehen, dessen Komplexität in jenem Maße wächst, in welchem sich das Netzwerk der Interaktion ausdifferenziert, in welchem ihr Informationsfluss zunimmt: Geschichte ist die Erkenntnistheorie der Gesellschaft – wenn sie Distanz hält zu den Mächtigen.

3 Philosophie

3.1 Anthropologie

Vielleicht sind es nur drei Sätze, aus denen die menschliche Existenz sich ergibt. Ein erster lautet so: Der Mensch ist einer, der sich selbst erklärt, doch damit nie an ein Ende kommt. Dann ein zweiter: Was den Menschen am Leben festhält ist der Wille zu leben. Schließlich ein dritter: „An sich" ist der einzelne belanglos, aber „für sich" ist er kostbar. In der Natur bleibt der Mensch als Gattung nur ein Augenblick und er weiß es. Der Gedanke einer Schöpfung, die ihn meint, wird auf diese Weise überwältigend. Aber in dieser Schöpfung erfährt er sich als verletzlich und sterblich. Im Schmerz verliert die Vernunft jeglichen physischen Halt. Die Feier der Märtyrer in der christlichen Religion, überhaupt all derer, die den Schmerz gegen das Leben wenden, hat hier ihren magischen Ort: Die Selbsterklärung des Menschen stößt an ein Absolutes, denn die Erkenntnis des Göttlichen liegt in denen, die dem Schmerz widerstehen, während jene, die das nicht vermögen, die meisten, im Schmerz nicht mehr sind als ihr Körper. Jede Herrschaft weiß das. Der Märtyrer ist ihr ein Schrecken. Jede Despotie sucht den Menschen als reinen Körper zu ergreifen, der den Schmerz fürchtet, jede Utopie sucht ihn als Körper zu fassen, von dem aller Schmerz genommen sein wird. Vom Körper her gesehen ist nichts rätselhaft: Der Mensch wird geboren, will leben, stirbt. Der Körper, Körperfrieden ist das Zentrum des Menschen, doch die Erfahrungen von Schmerz und Tod vertreiben ihn daraus. Das tiefste Bedürfnis des Menschen, das Verlangen nach Sicherheit, hat seine psychische Wurzel im Verlust dieses Zentrums und also im Wunsch, es zurück zu gewinnen. Sein Ausdruck ist die Angst vor Schmerz und Tod. Der Mensch, der „für sich" die Bedrohung seines Körpers spürt, welcher er nur sozial zu wehren vermag, weiß, dass er „an sich" für die Gesellschaft entbehrlich ist. Dass in der Gesellschaft nicht nur die Lebenden überleben sollen, auch die Toten, ist ein elementarer Ausdruck dieses Willens, bedeutsam zu sein. In der Totenerinnerung, wie sie konstitutiv für die Geistigkeit vieler Kulturen geworden ist, wiederholt sich die Körperangst des einzelnen Menschen als Angst, von den Anderen verlassen zu werden. Wenn man nichts hat, das mehr ist als das „Ich", hat man überhaupt nichts. Die Totenerinnerung nimmt den Toten mit als einen, der symbolisch weiterhin im Sorgekreis der Gesellschaft bleibt und befriedet so die Körperangst der Lebenden. Auch im „Jenseits" sind die Menschen wie mit ihren Körpern, also als Personen vorhanden, weshalb es folgerichtig ist, dass in einer Kultur, in welcher das Jenseits als apersonales Nichts aufgefasst wird (der indischen), auch die Totenerinnerung verschwindet. Die Gleichzeitigkeit von Heiligkeit und Nichtigkeit des Lebens tritt hier mit einer Radikalität auf, welche das Deutungsvermögen „erinnernder" Kulturen überfordert.

Menschliche Existenz ist immer ein Zweifaches, es ist Leben als Nahrung und es ist Leben als Bedeutung, es ist das physische und das soziale Leben. Das physische Leben gründet einen elementaren Egoismus, das soziale bildet ihn fort in die Wechselseitigkeit des Verhaltens. In ihr entsteht Bedeutung, weil soziales Leben eines in Erwartung der Anderen ist und eine solche Erwartung den Bezug auf ein Allgemeines bedingt, auf ein Moralisches. Die menschliche Gesellschaft besteht demzufolge aus Körpern, die Nahrung und Bedeutung wollen, physische und mentale Sicherheit. Die Erfahrung von Existenz wäre dann das Bemühen, aus den drei Sätzen des Daseins eine Perspektive zu entwickeln, die ein Leben trägt. Drei Motive prägen sich dabei aus: das naturale, das absolute, das dialektische. Das naturale Motiv setzt am Körper an, also an seinen Kräften (Gewalt, Sexualität, Arbeit) wie seinen Bedürfnissen (Schutz, Befriedigung, Nahrung), die nur die Kehrseite dieser Kräfte sind. Der Mensch versucht zu vermeiden, was ihm Schmerz bereitet, physisch wie sozial, und zu erreichen, was ihm Vergnügen macht. J. Bentham hat das naturale Motiv als eines beschrieben, durch das sich eine Gesellschaft im Gleichgewicht halten kann, Th. Hobbes hat die Notwendigkeit von Herrschaft daraus abgeleitet, indem er die Furcht vor dem Schmerz auf die Furcht vor dem Tod hin radikalisierte. Das Politische der Gewalt brach in das Soziale ein, als Zerstörungsdrohung gegen den Körper, mit welcher der Gehorsam den Gesetzen gegenüber erzwungen werden sollte. Das naturale Motiv besitzt also ein Unbedingtes, eben den Körperhalt, und sein Gegenstück, die Gewalt. Es ist von allen das stärkste, geschichtsmächtigste. Ihm steht das absolute Motiv entgegen, dem das Leben nicht als das Erste gilt und die Gewalt nicht als das Zu-Vermeidende. Der Absolutismus ist zugleich voller Moral und völlig verantwortungslos. Er bezieht sich radikal auf die Bedeutung, die er als Wahrheit zu besitzen beansprucht, weshalb er nur „ganz" zu handeln vermag oder es

„ganz" unterlässt. Wenn Jesus von Nazareth zu einem noch zögernden Anhänger sagt: „Folge mir nach und laß andere deinen Vater begraben", dann fordert er die Aufgabe jener Verantwortung, wie sie sich aus dem sozialen Verhältnis, d. h. der Wechselseitigkeit, ergibt. Es ist die elementare Frage nach dem „guten Leben" in der „schlechten Gesellschaft", die dort, wo dieses Gute mit der (absoluten, erkannten) Wahrheit gleichgesetzt wird, nur noch in Erwartung der Apokalypse (für die Verworfenen) und der Eschatologie (für die Erwählten) beantwortet werden kann. In der Nachfolge der Wahrheit wird alles nichtig, auch jene soziale Elementarregel, dass der Sohn den Vater begräbt. Die Konsequenz ist gewaltig und doch unaufgebbar für das absolute Motiv. Jahrhunderte später wird es J.J. Rousseau für die gottlose Moderne so sagen, dass er seine Kinder im Findelhaus zurücklassen muss, weil er sie nicht im Sinne seiner idealen Pädagogik erziehen kann. Sie mochten verderben, doch er blieb voller Moral, weil es die Gesellschaft war, die ihn nicht mit den entsprechenden Möglichkeiten ausstattete. Im Materialismus, d. h. in der Moderne, war die schlechte Gesellschaft schuld an allem Schlechten, kollektiv, weshalb „Rettung" auch nur kollektiv, durch deren Zerstörung möglich schien. Im Religiösen blieb der Mensch allein, eine soziale Rettungsmöglichkeit gab es nicht. Hier, im Abschieben der persönlichen Verantwortung auf die „Gesellschaft", liegt die tiefe Grenze zum Absolutismus des Religiösen, in dem der Einzelne vor Gott Rechenschaft ablegen muss und eben nicht „Umstände" verantwortlich machen kann. Das Religiöse, wo es Herrschaft wird, nähert sich dieser Verfahrensweise durchaus an, d. h. Gesellschaft nur als legitim anerkennen zu wollen, wenn in ihr „die Guten" herrschen, doch der Stachel bleibt: Bischöfe, Päpste vom Teufel in die Hölle gezerrt – kein politischer Absolutismus würde dies für seine Machthaber ikonografisch zulassen. Das Religiöse vermag das auszuhalten, weil es in der Geschichte ist, ohne in ihr – dem Selbstverständnis nach – aufzugehen. Das Religiöse ist das Wissen des Menschen um sein Ungenügen. Deshalb bleibt es ihm unentbehrlich: Das Religiöse ist das Wissen um die Schwäche des Menschen. Im Letzten mündet es in die Schreckensvorstellung, der Mensch könne (womöglich) nur ein Zwischenspiel in den Gedanken Gottes sein. Das Politische seinerseits ist nichts als Geschichte, und wenn es eine Nachgeschichte als Pseudo-Erlösung proklamiert, so tut es dies als Deduktion aus der (Vor-)Geschichte, nicht aber aus der Transzendenz. Wenn Rousseau sagt, man könne nur Mensch oder Bürger sein, so bricht er – wie Hobbes – mit der antiken Vorstellung, man müsse beides sein, also ein unter den Bedingungen des Schwierigen, wenn nicht gar einer „schlechten Gesellschaft" kommunizierendes, „dialektisches" Wesen, welches das Menschliche, Körperliche, Einzelne mit dem Sozialen, Politischen, Entfremdenden in eine fragile Beziehung bringt, die unentwegt erneuert werden muss. Eben diese Dialektik ist es, die soziale Bewusstheit erzwingt. Gibt es sie nicht, kommt es zur sozialen Bewusstlosigkeit, zum Traum der Wissenden, dass die Menschen zu „Spinnen" werden, die ihre Netze bauen. Absolut unter Menschen, Menschenkörpern ist nur die Angst und als Handeln nur die Gewalt. Nichts, das Absolutheit beansprucht: Wahrheit, vollständig und also endgültig, vermag sozial zu werden ohne gewalttätig zu sein. Allein der Asket in seiner Einsamkeit unter Menschen könnte diesem Zwang entkommen. Doch es gibt noch ein drittes Motiv der Existenz, eines das lernt ohne müde zu werden: das dialektische. Das Dialektische beginnt da, wo sich ein Wissen von den Grenzen zum Nichtwissen her zu begreifen sucht. Die früheste Form dieses Dialektischen ist die Tragödie, in der die Unerforschlichkeit der Götter die Grenzen menschlichen Wissens, menschlichen Klugseins bezeichnet. Die Tragödie bringt das Pathos wie den Schmerz in die humane Gestalt der Rede und ohne Pathos, Schmerz, Verzweiflung wäre keine Bewusstheit des Lebens möglich. Dass etwa im Chinesischen das Schriftzeichen (yen) für „Mensch" zugleich „zwei" bedeutet, drückt aus, dass man Mensch nur sein kann, wo man sprechen kann, wo einer ist, der zuhört, mitredet. Für Konfuzius ist es so einsichtig wie für Sokrates, dass der Mensch einer sei, der die Anderen braucht, um sprechen zu können, d. h. um „Mensch" zu werden. Die triadische Weiterung, von der Dyade des Du zu den Anderen, ist damit der Anfang von Gesellschaft so gut wie von Dialektik: Ich spreche, ich spreche mit euch, also bin ich, doch mit dem, der das Absolute zu besitzen behauptet, kann man nicht sprechen: „Es gibt keine Sprache, in der man sich mit einem solchen Menschen überhaupt verständigen kann", bemerkt M. Planck verzweifelt nach einem Gesprächsversuch mit A. Hitler (1933). Ein solcher Mensch lebt jenseits von menschlicher Schwäche und Zwiespältigkeit. Er anerkennt sie weder für sich noch billigt er sie anderen zu. Er wird zu ihrem Schicksal. Was die Gewalt berührt wird einfach, darin liegt ihre große Faszination. (Man bedenke: Was die Moral berührt wird einfach, darin liegt ihre große Faszination. Das absolute Denken: die Rettung der Gesellschaft, der

Welt – und sei es über Schädelhaufen – hat hier seinen zweifachen Ausgangspunkt.) Hitler vermag nicht zu sprechen, weil er bereits alles weiß. Dialektisch sprechen kann nur, wer weiß, dass er nicht alles weiß und dabei neugierig auf das Nichtwissen bleibt. Wer aber alles zu wissen glaubt, kennt keine Bedenken: Er ist bedingungslos, d. h. verantwortungslos. Eben das macht sein „Charisma" aus, seine Überzeugungswucht unter den Schwankenden, eben dies schafft ihm jene nicht minder bedingungslosen Feinde, derer er so sehr bedarf, um Gefolgschaften um sich zu scharen. In allen, deren Psyche „der Wille zur Macht" ist, sind solche Momente angelegt: Ob sie zur Entfaltung kommen, entscheidet „die Gesellschaft" bzw. der soziopolitische Kontext: Wo die Verzweiflung am größten ist, da ist der Führer am nächsten. Denn wenn gilt, dass die Menschen des Feindes fast ebenso bedürfen wie des Freundes, dann bedürfen sie in den Momenten des psychischen Verfalls seiner sogar noch mehr. Das Asymmetrische zur Sprache gebracht ist Dialektik: Der Andere bleibt ein Fremder, mit dem eben deshalb die Verständigung auf ein Drittes gesucht werden muss. Absolutismus hingegen ist Symmetrie-Rede: Entweder wird der Andere zum anderen Ich oder er ist nicht vorhanden. Naturalismus schließlich ist egozentrische Körperrede: Der Andere wird relevant, insofern er lebensrelevant geworden ist. Ansonsten bleibt er gleichgültig.

Das Naturale ist das anthropologisch Elementare, das Absolute wie das Dialektische treten als zivilisatorische Ergänzungen hinzu: Kollabiert die Zivilisation, kollabieren auch sie. Wenn das Streben nach Sicherheit die Vergesellschaftung antreibt, alle Geschichte umtreibt, dann deshalb, weil es nichts ist als der soziale Ausdruck des Naturalen. Die anderen Motive sind evolutiv, nicht elementar. Sie setzen die Erfahrung eines Übergreifenden voraus, also von Etwas, das größer ist als „Leben: hier und jetzt". Es ist die Erfahrung eines praktischen Transzendierens, die metaphorisch fortgebildet wird. Werkzeughandeln ist Zukunftshandeln, soziales Reden setzt ein allgemeines Drittes voraus, eine „historische" Semantik also. Im zivilisatorischen Zustand sind alle drei Motive wirksam, prinzipiell zumindest, und damit jedem darin lebenden einzelnen Menschen als Möglichkeit gegeben. Die Weisen ihrer Gestaltung, Ausformung dagegen sind deutlich verschieden, je nachdem, in welchem Verhältnis diese Motive den Charakter eines Menschen beeinflussen. Was die Motive der Existenz eint ist der Protest, der Protest gegen die Gleichgültigkeit der Natur. Die Vorstellung, dass die Natur, dass der Kosmos gleichgültig sein könnte, überwältigt den Menschen. Durch die Jahrtausende baut er Dämme dagegen, versucht, der Natur Anteilnahme abzuverlangen, indem er sie als Kosmos auffasst, in der ein Göttliches wirkt, bis er schließlich sich selbst als Ziel in sie hineininterpretiert, ein evolutives Ziel, ein Verlangen der Natur, Bewusstsein zu werden. Fasst man die Technik vom Bewusstsein her auf, symbolisch, dann ist auch sie nichts anderes als das Bestreben, die Natur zu zwingen, sich für den Menschen zu interessieren. Die Natur vermag der Mensch nur in Gesellschaft zu ertragen, denn nur in ihr kann er gegen Gleichgültigkeit protestieren. Natur wie Gott bleiben dem Menschen im letzten verschlossen, was ihr Ewiges ausmacht: Der Mensch bleibt allein.

Der Mensch ist ein Handelnder, weil er Technik hat und also Techniken, Wissen, Zeit. Technik ist die Handlungsfähigkeit des Menschen, Technikweite ist Handlungsweite. In der Technik begreift sich der Mensch von seinem Menschsein her: Die Artefakte besitzen einen Grund, eben im Menschen. Er ist ihr Anfang, endlos. Diesem außerordentlichen Gedanken wirkt ein anderer entgegen: Die Menschheit kann sich keinen Anfang denken, ohne an ein Ende zu denken. Alle Mythologie nimmt von diesem Anfang, der sein Ende in sich trägt, ihren Ausgang, weil alle Natur, alles Leben von diesem Gegensatz gekennzeichnet ist. Für den Menschen bleibt die Natur grund-los, bodenlos. Er vermag ihren Enden nicht zu widerstehen. Die Bodenlosigkeit buchstabiert das existentiell Ungesicherte: Allein der Menschengrund der Technik buchstabiert ein Gesichertes (in welcher Weise auch immer).

3.2 Politische Philosophie

Die materielle Geschichte des Menschen ist die seiner Technik, mit der er sich in der Natur behauptet. Die geistige Geschichte des Menschen ist die seiner Einsamkeit im Kosmos, aus der er sich in Gesellschaft flüchtet. Das Bewusstsein dieser Flucht jedoch bleibt gründend für die geistige Dimension der Gesellschaft, als Wissen um ein Ungenügen, das sich ein Genügen, das sich Sicherheit zu verschaffen sucht, in den Formen und Narrativen des Kults. Den Kosmos sozial zu schließen heißt, ihm soziale Bedeutung zuzuweisen und soziale Bedeutung meint stets Sicherheit. Nur der radikal Einsame wird in der Wendung zur Transzendenz etwas anderes finden, doch für die Gesellschaft wäre eine solche Einsamkeit ihre Verneinung. In der Civitas, der Ordnungsform des Politischen, nachdem die Gewalt in das Soziale eingebrochen ist, treffen sich im Grunde zwei Fliehkräfte, eben die Flucht in das Soziale und jene aus dem Sozialen: „Politisch" wird, was ein Maß hat, eine Grenze, weil es sich zum Existenzgrund offen hält, d. h. den Einzelnen nie total zu vereinnahmen sucht. Die Flucht in die Transzendenz lenkt in das Soziale zurück, sobald sie Religion zu werden beginnt, sobald aus den transzendenten Erfahrungen eines Einzelnen Anbetungsformeln der Vielen geworden sind. Diese kultisch einzubinden ist eine wesentliche Aufgabe in der Ausbildung des Politischen, denn nur so verschafft es sich einen moralischen Abdruck im Bewusstsein über das Pragmatische des Gehorsams aus dem Kalkül von Lust und Leid hinaus. Hier jedoch entsteht ein Problem, das mit dem Hinzutreten monotheistischer Religionen wesentlich geworden ist: Ohne Trennung des Politischen vom Religiösen gibt es keine Freiheit, keine geistige Entwicklung. Wer in der Sphäre des Politischen das Religiöse sucht, die „Rettung", das „Vollkommene", wie es der Monotheismus verspricht, der zerstört sie. „Rettung", „Vollkommenheit" gewinnen Gestalt nur vor „dem Ewigen", das zeitlos bleibt. Vor dem Zeitlichen, Historischen, d. h. dem Politischen versagen sie. Wer sie einfordert, muss sich mit dem Tode verbünden und wird doch scheitern: Töten ist leicht, weil es so nutzlos ist. Wichtiger noch für das Funktionieren des Politischen ist die Einbindung der Gewalt: als Frieden in der Civitas, als Krieg zu ihrer Verteidigung. Auch die Gewalt ist eine Fluchtbewegung vom Sozialen fort. Daher treffen sich im politischen Kult das Allgemeine des Sozialen mit der ritualisierten Vorstellung eines kosmisch Allgemeinen unter dem Vorzeichen der Gewaltbewältigung, im Opfer, im Spiel vor Göttern und Menschen. Gefeiert wird dabei die lange Zeit gegen die kurze: Tradition, gegen die Zeiten der Einzelnen. Eben die Gewalt steht dem entgegen, eine Kurzzeit, der selbst die Langzeit unterliegen kann, wenn die Gewalt es vermag, die Gesellschaft zu zerstören. Die Kurzzeit ist der temporale Modus jeden „öffentlichen" Handelns, sei es politisch, ökonomisch, rhetorisch, weil die angebotene „Ware" nur solange vorhanden ist, als sie zirkuliert. Nicht bloß Moral behauptende Begriffe, Güter behauptendes Geld gehören hierher, auch Macht behauptende Herrschaft. Etwas ist vorhanden, wenn es in der Gesellschaft vorhanden ist, es ist in der Gesellschaft vorhanden, wenn es öffentlich behauptet wird und diese Behauptung öffentliche Aufmerksamkeit erhält. Etwas ist nicht (mehr) vorhanden, wenn es in der öffentlichen Aufmerksamkeit nicht (mehr) vorhanden ist. Daher gilt der Satz, dass es nicht die „Dinge" sind, die Geschehnisse als solche, die in einer Gesellschaft sich als Öffentlichkeit erzwingen, sondern jene Machtfähigkeit von Behauptungen, durch welche andere zum Schweigen gebracht werden. Diese „Herrschaft im Diskurs", diese Beherrschung der öffentlichen Rede ergibt sich aus der Verfügung über Gut und Böse, wie sie jene erlangen, deren Wut der Anklage in nichts besteht als dem Wunsch, zum Über-Ich der Anderen zu werden, zu ihrem schlechten Gewissen. „Macht" ist eine Aufblicksbeziehung, über die man verfügt und deren Effekt der Gehorsam der Anderen ist bzw. die eigene Fähigkeit, Anordnungen zu geben. Wer über Macht verfügt, muss um deren stete Anerkennung besorgt sein, d. h. er muss ständig Behauptungen seiner Macht durchführen, durch Befehle, Gesten, Reden, Drohungen, um sie in den Anderen als Gehorsam einzuüben. Aus den Weisen dieser Einübung entstehen die Institutionen als Versuch, der Kurzzeit Permanenz zu verleihen, eine lange „soziale" Zeit durch die Ritualisierung der Gehorsamshandlungen hervor zu bringen. Der Einzelne bringt seine kurze Zeit in die lange der Civitas ein, an der er dadurch Anteil gewinnt. Er hat Teil an der Tradition, d. h. am Wissen, er hat Teil am Heiligen, d. h. an der Hoffnung, er hat Teil an der Arbeit, d. h. an der Sicherheit. Und über die Teilung der Gewalt hat er Teil an der Politik. Über die Gewalt drängt sich jedoch ein Handeln in das soziale Dasein, das nicht mehr in den nachahmenden Verläufen des Sozialen abschätzbar ist, weil seine Essenz in der Zerstörung besteht. Das Gewalthandeln erzwingt Zukunft als Unsicherheit, es erzwingt das Politische als dessen Handhabbarkeit: Ein Versuch, der immer wieder scheitert und doch immer wieder begonnen werden muss. Bedenkt man demnach das Politische im Grundbild der „Civitas" als einer Gemeinschaft der Teilhabenden, dann bildet die Teilnahme an der kriegerischen Gewalt die Bedingung für die Teilhabe an der Politik. Damit wird zugleich das Sprechen wesentlich für eine solche politische Gemeinschaft, weil es das Gegenteil von Gewalt ist und es soll keine Gewalt innerhalb dieser Gemeinschaft sein. Die Teilhabe an der Gewalt (nach außen) ermöglicht die Teilhabe an der politischen Rede (nach innen). Wer an solcher Teilhabe teilhat, ist frei: Das ist das Prinzip der Civitas im antiken Sinn, in der das Materielle noch ganz dem Sozialen zugewiesen blieb, dem Kreis jener Elementargesellschaft der Familie, Sippe. Das Soziale wurde durch das Politische überformt, doch es verschwand nicht. Im Kreis der Civitas, d. h. der Partizipationsberechtigten, galt die Freiheit. Im Kreis des Sozialen, als physischem Erhalt des Lebens, galt sie nicht. „Despotie" erschien damit als die Ausweitung des Sozialen auf die Civitas, bei welcher die Teilhabe durch die Zuteilung ersetzt wurde. Die antike Gleichheit als Freiheit im Zustand ökonomischer Ungleichheit wird im christlichen Mittelalter ergänzt durch jene Brüderlichkeit zum Mitchristen als Moment einer Glaubenspflicht, die im Sozialen bleibt. Mit der Französischen Revolution kommt es dann zur Verbindung des Politischen mit einer Vorstellung von Brüderlichkeit, die in eine Gleichheitskonzeption mündet, welche materiell aufzufassen ist.

Die Politische Philosophie ist also selbst etwas Historisches. Sie ist den Fragen einer bestimmten Gesellschaft ausgesetzt. Dennoch gibt es ein Übergreifendes, das genauere Formen annimmt, sofern man es unter den Begriff der Civitas zu fassen sucht. Es besteht in der Partizipation, also einer Teilhabe, die ein Teilnehmen voraussetzt, ein Geben, aus dem sich das Nehmen erst ergibt. Wo keine Wechselseitigkeit ist, gibt es nur Gnade oder Gewalt. Jedem muss die Möglichkeit gegeben werden, etwas beizutragen, jedem muss sie abgefordert werden: „Würde" ist dann das, was man sich selber abverlangt. Daraus formt sich ein Ideal von Herrschaft und ein Zerrbild. Das Ideal wäre jenes des Cincinnatus, eines Römers, der vom Pflug weg zum Diktator bestimmt wurde, um danach zum Pflug zurückzukehren. Das Zerrbild wäre das des Demagogen, der im Volk die Canaille mobilisiert, um danach Diktator zu werden. Kein politischer Begriff ist dabei so oft missbraucht worden wie jener der „Gerechtigkeit" und doch ist keiner so unentbehrlich. Gerechtigkeit beginnt mit der Sprache: Wer in der Lüge ist, kann nicht gerecht – d. h. er soll nicht „Fürst" – sein, ein Gedanke, der bereits Konfuzius umgetrieben hat. „Gerechtigkeit" – wie der damit verbundene Begriff des „Gemeinwohls" – ist damit ein kommunikativer, ein dialektischer Begriff. Gerechtigkeit gibt es nur in Bezug auf das Gemeinwohl. Wer um der Gerechtigkeit willen das Gemeinwohl zerstört, handelt nicht gerecht. Damit kommt ein weiterer Begriff zur Sprache, jener des Widerstands, der schwierigste von allen: Es mag sein, dass das Verhältnis dieser Begriffe – extrem gedacht – nur tragisch zu bedenken ist, wie überhaupt die großen Dichter das humane Problem des Politischen tiefer bedacht haben als alle anderen, von Sophokles über Shakespeare bis Büchner. Wenn Antigone den toten Bruder mit Erde bedeckt, um seinen Leichnam vor aasfressenden

Geiern zu schützen, seiner Seele in der Unterwelt Frieden zu geben, dann handelt sie gegen das Gebot der Civitas, die im Toten einen Verräter sieht, und sie handelt dennoch edelmütig, im Mut des Edlen der eigenen Seele. Wenn Kreon sie deshalb zum Tode verurteilt, handelt er nach dem Recht der Civitas, das auszuführen er als ihr oberster Repräsentant verpflichtet bleibt: Beide handeln recht und unrecht zugleich. Damit jedoch erreicht das existentielle Problem des Politischen den je einzelnen Menschen: Er muss sich entscheiden und seine Entscheidung ist dann „gut", wenn er um ihre Unvollkommenheit, „Brüchigkeit" weiß (Antigone weiß es, Kreon nicht).

In der politischen Sprache gibt es kein Absolutes, sie bleibt dialektisch. In der totalitären Sprache gibt es nur das Absolute. Das Religiöse wird totalitär, wenn es herrschaftlich wird, wenn es Instanzen ausbildet, die eliminieren. Jede Herrschaft, stets belagert vom Wissen um das Historische, d. h. um ihre eigene Vergänglichkeit, bemüht sich um Adoption durch das Absolute, weshalb der wirksamste Angriff auf jede Art von Herrschaft der Angriff auf die Behauptung eines Absoluten ist, der am wirkungsvollsten dann ausfällt, wenn man nicht das Absolute bestreitet, sondern die Fähigkeit der jeweiligen Herrschaft, es richtig auszulegen: Die Ketzer sind gefährlicher als alle Leugner. Das Wesen des Absoluten ist die Säuberung, die Zerstörung der Ungläubigen, ihr Feind ist die Geschichte, der Nachweis ihrer historischen Bedingtheit. Das Absolute ist nicht diskursiv, weil es nicht die Möglichkeit zulässt, zu irren. Da es die Wahrheit kennt, braucht es sich um die Wirklichkeit nicht zu kümmern: Man kann sie herstellen, muss es, denn wer in der Wahrheit ist, kann nicht in der Unwahrheit leben. Weltanschaulich gesehen kann die Verwandlung der Wahrheit in Wirklichkeit nicht scheitern, sozialpsychologisch gesehen ist sie notwendig, weil nur in der Anerkennung der eigenen Wahrheitsüberlegenheit durch die Anderen jene Aufblicksbeziehung entsteht, die „Herrschaft" ausbildet, also das, worauf es ankommt, eben die Anderen psychisch zu unterwerfen. Dieses absolute Bewußtsein ist im Kontext der monotheistischen Religionen machtvoll geworden. Im Christentum erhielt es eine weit darüber hinaus wirksam werdende Struktur durch die Verbindung von Eschatologie und Apokalyptik, also der Vorstellung einer Zielgerichtetheit des Geschichtsverlaufs auf „das Heil" und der Überzeugung einer alles Unheil samt aller Verworfenen vernichtenden, doch den Erwählten heilbringenden Katastrophe. Aus solch nahender Katastrophenzeit wird eine „Jetztzeit", wenn die Erwählten heilsungeduldig werden, also zu Aktivisten des Heils. Die Moral des Bestehenden kümmert sie nicht mehr, da sie in der Moral des Künftigen handeln, in welcher die Verworfenen nicht mehr vorgesehen sind. Dieser Gedanke wird zum handlungsmächtigsten von allen, weil er so fugenlos in das Handlungsmuster der Gewalt passt, dessen Wucht aus der Hemmungslosigkeit des Absoluten kommt. Damit setzt es sich im Grundsatz gegen das naturale Motiv, wenngleich es im Zusammenhang der modernen Ideologie dieses in seine Dienste zu nehmen verstand, als sich das Absolute von Gott ab- und dem Körper zuwandte. Kommunismus, Faschismus, Anarchismus sind Körperideologien, welche die Eschatologie auf eine Heilszeit des Körperdaseins ausrichten, auserwählter Körper auch hier neben auszuscheidenden. Im epochalen Zusammenhang der materialistischen Heilswende führte dies zu einem enormen politischen Mobilisierungsschub. Das naturale Motiv findet sich dort, wo Herrschaft direkt auf den menschlichen Körper zugreift. Über den Schmerz zu verfügen und die Angst vor ihm heißt machtvoll werden: Wer den Tod beherrscht, beherrscht die Lebenden – das ist das Geheimnis aller Herrschaft. Das naturale Motiv zielt auf Sicherheit, auf Sicherung des physischen Daseins vor Gewalt, Not. Dass so lange die Gewalt im Fokus des politischen Denkens stand, hat mit der Geringschätzung der Arbeit, der Arbeitenden zu tun, der Hochschätzung der Krieger, Gewalttäter, die zu Herrschern wurden. Doch die Gewalt wird zum Politischen nur in den Rechtfertigungsformeln der Sprache, weil das Politische ohne das Moralische, ohne die Wirksamkeit von Autorität nicht bestehen kann. Kriege werden stets aus Machtinteressen geführt: Deshalb ihre Rechtfertigung aus moralischen Gründen. Daher war die rhetorische Reduktion von politischer Ordnung auf Gewalt, Gewaltüberlegenheit (Machiavelli, Hobbes) eine solche Herausforderung. Am Übergang zur europäischen Neuzeit mit ihren Glaubensspaltungen, Glaubenskriegen hatte die Religion ihre soziale Funktion verloren, durch den Kult die politisch-soziale Ordnung als eine göttlich gewollte zu legitimieren. Neue Formen der Legitimierung wurden erforderlich, die man nicht mehr von einem (umstrittenen) Gott ableiten konnte. Übrig blieb der Mensch, der nun so zu definieren war, dass er für legitimierende Ableitungen taugte. Die drei Motive zivilisatorischer Existenz wurden neu bedacht und in verschiedener Weise aufeinander bezogen, in jener großen naturalistischen Linie, wie sie von Machiavelli und Hobbes zu Smith, Bentham führt, in der nicht minder folgenreichen absolutistischen

Linie von Helvetius, Rousseau zu Robespierre, Marx, Chamberlain. Die Dialektik blieb demgegenüber an Wirksamkeit zurück, ihre Linie von Hume, Kant her zu Popper eher Zutat, weil ihre Antworten um das „krumme Holz" kreisen, das der Mensch blieb, und keine Rettung versprochen werden konnte.

Politische Philosophie ist eine Entscheidung für Dialektik und Historizität: Jede Herrschaft ist (in der langen Zeit) auf Sand gebaut, auf den Flugsand der Geschichte. Der Absolutismus ist so sehr ihr Widerpart wie ein Naturalismus, den jenseits des Körpers nichts interessiert. Dialektik ist Denken, Reden im Wissen um Grenzen: Worte können Brücken bauen so gut wie Barrikaden. Das Absolute kennt keine Grenzen: Es baut Barrikaden. Seine triviale Variante, die es in Tat verwandelt, ist die Canaille. In ihr entbindet die Anonymität die Gewalt als Feigheit. Die Canaille entsteht, wenn die Institutionen nicht mehr drohen können, wenn „die Fenster zerbrochen" sind. Sie wird vom Mob zur marschierenden Masse, wenn sie (eindeutige) Führer findet. Jede Gesellschaft hat ihren „lunatic fringe", d. h. eine Gruppierung „eindeutiger Menschen", die sich im Besitz des Absoluten wähnen. Da sie voller Moral sind, handeln sie völlig verantwortungslos: Das moralische Urteil (über andere) ist das Opium der Psyche. Den Lunatic Fringe von der Macht fernzuhalten ist vielleicht die wichtigste Aufgabe einer Politik, die dialektisch den Menschen „liebt". Im Naturalismus ist die Gewalt als psychophysisches Moment enthalten, eingespannt zwischen „Pain" und „Pleasure". Wenn die äußeren Hemmungen fallen, „Gesetz und Polizei", kann die Canaille zur Verhaltensmöglichkeit werden. Ihre mentale Korrespondenz zum weltanschaulichen Absolutismus bildet das „Infame" als denunzierende Rede. In ihr wird eine Gruppe der jeweils Anderen als Feind im Modus des Bösen bestimmt und damit aus jeder bindenden Moral ausgeschlossen. Deren Vernichtung ist dann lediglich eine Frage der Pragmatik, d. h. der eigenen Gewaltfähigkeit, es zu tun. Hier ist alles eindeutig geworden: Der Mensch wird aber nur „vor Gott" eindeutig, inmitten der anderen Menschen bleibt er mehrdeutig. Für die Politische Philosophie bedeutet das „Dialektik", weil Eindeutigkeit „unter Menschen" allein „aus Gewehrläufen" hervorgehen kann, aus Gewehrläufen und den ihnen dienenden Schreiberhänden. Die Politische Philosophie hingegen sammelt Mehrdeutigkeiten. Das Mehrdeutige jedoch ist der Anlass des Redens: Es gibt Politiken, die vor der Vollendbarkeit der Welt Gestalt gewinnen und solche, die es vor ihrer

Unvollendbarkeit tun, eben als „Politische Philosophie". Die Kategorie der Gewalt wird von ihr im Zusammenhang des Friedens entfaltet, als Aufgabe „des Staates", jede Willkür der Gewalt zu verhindern, die wilde in der Gesellschaft, aber auch eine despotische vom Staat her. Hierzu sind zwei weitere Begriffe wesentlich, nämlich „Eigentum" und „Partizipation". Dass der Einzelne sich selbst gehört, ist die Voraussetzung allen Eigentums und jeder Freiheit. Doch seine „nackte" Freiheit reicht nicht hin, um ihn in der Gesellschaft handlungsfähig werden zu lassen. Er bedarf der „Kleider", also eines Eigentums an Gütern, an sozialen Rechten. Eine derart „eingekleidete" Freiheit erhält er nur durch Partizipation, d. h. als Teilhabe an der Politik, am Recht, an der sozialen Sicherheit. Teilhabe und Teilnahme bedingen sich. Sie verweisen auf das Grundlegende der Wechselseitigkeit in allem sozialen Handeln, allem sozialen Reden, ausgenommen nur die Linearität von Befehl und Gnade: Wer die Teilnahme verweigert, kann eine Teilhabe nicht fordern. Wem die Teilnahme verweigert wird, dem bleiben nur Unterwerfung oder Widerstand. Dass der „real existierende" Sozialismus mit der Beseitigung des Eigentums die Leibeigenschaft wiederhergestellt hat, dass er jene, die ihm ihre Körper zu entziehen suchten, mit deren Zerstörung bedrohte, ist folgerichtig. Der Gedanke, dass jeder Mensch zuerst sich selbst gehört und erst dann bzw. unter dieser Bedingung anderen zugehört, ist unabdingbar für die Möglichkeit von Politischer Philosophie. Despotie, in der modernen Form des Totalitarismus, ist stets Bemächtigung des Menschen als eines nackten Körpers. Politische Philosophie hingegen ist Absage an diese Nacktheit. Sie sieht die Menschen „in ihren Kleidern", in ihrer Historizität, weil sie weiß, dass jede Zerstörung des Historischen eine Reduktion auf Nacktheit nach sich zieht.

Die Kategorien einer Theorie der Geschichte sind auch jene einer philosophischen Beschäftigung mit Politik. Sie bilden „Felder" aus, in denen eine Kategorie differenziert wird, soziale Bedeutung erhält, Felder entstehen, die sich schneiden, überlagern, die interagieren. Da ist die Gewalt als Konstituente von Herrschaft, Politik, und der Schrecken, den sie für das soziale Prinzip der Sicherheit bedeutet. Die Egozentrik des Einzelnen fügt sich in die Exzentrik des Sozialen nur aus Körperangst. Nimmt man jedoch die Sprache als Ausgangspunkt, so ist mit ihr bereits die Gesellschaftlichkeit des Menschen mitgedacht, denn der sprechende Mensch ist zugleich der soziale. Die politische Gemeinschaft wird als eine Redegemeinschaft aufgefasst, das politische Reden als Versuch, sich über das Gemeinwohl zu verständigen. Wendet man sich hingegen der Technik zu, so tritt das materielle Dasein in den Vordergrund. Das ließ sie für das politische Denken wenig interessant erscheinen. Über Jahrtausende auf die schwitzende, verächtliche Arbeitsmühe bezogen, auf „sprachbegabte Tiere", nicht auf Heroen der Gewalt, der Sprache, über Jahrtausende hin nahezu unbeweglich in der langen Zeit, schien sie weder für die Historie noch die Philosophie des Nachdenkens wert. Erst als die Technik in die kurze Zeit einbrach und dabei die Arbeit transformierte, erzwang sie die Reflexion. Eine Politische Philosophie als Reden der Lebenden vor den Toten wie vor den Künftigen mündet in den Begriff der Verantwortung, für den es keine endgültige Antwort gibt, für den immer wieder eine Antwort gesucht werden muss. „Verantwortung" bedeutet ebenso „Wechselseitigkeit" wie „Nachhaltigkeit", also nicht nur zu fordern, sondern sich auch anzustrengen und sich dafür einzusetzen, dass man den folgenden Generationen etwas hinterlässt, das zu erben sich lohnt: Verantwortungsfähig ist, wer daran zu tragen hat. Verantwortungsunfähig ist, wer keine Last spürt, weil er keine auf sich genommen hat. Die hier vorgeschlagene Antwort nimmt ihren Ausgang von der Vorstellung, das Politische sei existenziell als Ergebnis einer zweifachen Flucht des Menschen aufzufassen: einer Flucht aus der Einsamkeit im Kosmos, einer Flucht aus der Bedrohung des Körpers. Der Mensch sucht in der Civitas Schutz und Sinn, doch das eine kann sie ihm nur geben, wenn er in die Wechselseitigkeit eintritt, das andere wird sie ihm nur teilweise geben dürfen, denn jede Ganzheit von Sinn würde das Politische hin zum Absolutistischen gefährden. Auch in der „guten Gesellschaft" bleibt der Mensch ein stückweit allein, d. h. er bleibt frei. In der Abwehr des Absolutismus verwirklicht die Politische Philosophie ihr Wesen: Das Leben als Schwierigkeit anzunehmen, ohne zu verzagen, und die „Summe" des guten Lebens als das zu denken, was Mühe gemacht hat.

Es gibt in der Politischen Philosophie einige Grundfragen, die zu stellen nur lohnt, wenn man nicht schon jene Antworten im Blick hat, die in der je gegebenen Machtlage der Gesellschaft als opportun gelten. Politik ist das Handeln und Reden in Opportunitäten, im Kurzfristigen, Politische Philosophie ist das Gegenteil davon. Sie bleibt im Langfristigen und ist daher der Historie nahe, doch im Blick auf die „res gerendae". Ihre Essenz ist die Leidenschaft für die „civitas" als Bürgersache. Verliert sich diese

Leidenschaft, verliert sich die Civitas, wird sie Pragmatik der Naturanliegen oder Despotie des Absolutismus: Es kommt zur Auswanderung aus der Res publica. Aus der Gleichgültigkeit der Staatsbürger wächst die Sterblichkeit der Civitas. Die Gleichgültigkeit ist der radikalste, bedrohlichste (sozio-psychische) Zustand, gleich für welches soziale Verhältnis. Sie repräsentiert das soziale Nichts. Wenn die Historie eine Aufforderung zur Schwierigkeit ist, dann ist es die Politische Philosophie, die sie annimmt: „Rettung" verspricht sie nicht, nur „Haltung" als Bewußtsein. Diese zeigt sich zunächst im Widerstand, gegen „Timur", den Gewalttäter und seine Phrasen, wie gegen die „Canaille", die Hetzmeute, immer bereit, niederzuschreien, niederzuschlagen, was anders zu sein scheint. Nicht die schiere Menge ist das Volk, sondern jene, die sich in die politische Ordnung einordnen, dreifach, als Anerkennung ihrer historischen Tradition, der in ihr bestehenden Wechselseitigkeit von Rechten und Pflichten, als Einsatz für die „res publica", d. h. auch für das, wovon man sich gerade keinen Nutzen verspricht. Selbstverständlich ist dies ein Ideal, gebildet an einem Idealisten (Cicero), der um das Ideale als Existenznotwendigkeit des Realen wußte. Das Ideale liefert die Kriterien der Kritik, doch einer Kritik, die das Ideale als Iteration nimmt, als Annäherung, denn sie steht unter einem relativistischen Vorbehalt, wie ihn Cicero (43 v. Chr. von seinen Feinden umgebracht) im „Traum des Scipio" so formuliert: Scipio, großer römischer Feldherr und Staatsmann, blickt im Traum auf das Universum, in dem die Erde nur als ein kleiner Punkt wahrnehmbar ist, eine Bagatelle im Ungeheuren von Raum und Zeit. Man kann versuchen, diesem Gedanken, der Scipio zum Weinen bringt, durch die Vorstellung eines den Einzelnen rettenden Jenseits die Verletzung zu nehmen, man kann ihn aber auch annehmen und ihn historisch wenden, als Haltung, die uns ein stückweit Bescheidenheit lehrt, also Wissen um Grenzen, aber auch davon, dass wir vor den Grenzen Raum zu einem Handeln haben, für das wir Verantwortung übernehmen müssen. Politische Philosophie ist dialektisch, sie lehnt es ebenso ab, den Menschen lediglich als Physis zu sehen (den ein Leviathan bedroht, ein Wohlfahrtsstaat belohnt) oder ihm Rettung zu versprechen (indem man das Gewesene im „Jetzt" auf die zukünftige Vollkommenheit hin zerstört). Vielleicht gibt es überhaupt nur zwei grundlegende Weisen politischen Denkens, Handelns. Entweder: You can't turn the wind – turn the sails. Oder: You can't turn the wind – kill the sailors.

Es heißt, Konfuzius habe im Alter ein Geschichtswerk verfasst, die „Chronik von Frühling und Herbst", in dem er sein philosophisches Prinzip zur Anwendung brachte, nämlich „die Worte richtigzustellen", d. h. alles vergangene Handeln mit den „richtigen" Begriffen zu benennen und nichts dadurch zu beschönigen, indem man für ein- und- dieselbe Tat unterschiedliche Bezeichnungen verwandte. In den Worten gab es demnach keine Sieger, keine Besiegten, nur in den Sequenzen der Ereignisse. Nicht die Sequenz rechtfertigte – als „Logik" – deren jeweilige Ergebnisse. Jede einzelne Handlung hatte sich vielmehr vor den „Begriffen" selbst zu rechtfertigen. Man sagt, nichts habe die Herrschenden derart in Furcht versetzt wie die Kunde eines solchen Werks. Erst die Furchtlosigkeit der Begriffe, so mochte es Konfuzius scheinen, ermöglichte ein philosophisches Reden über Politik und die Historie hatte dabei voran zu gehen. Eine Vision tut sich auf, die einer Geschichtsschreibung, welche sagt, was ist, indem sie ihre Begriffe nicht mehr parteiisch nimmt, sondern analytisch. Die moralische Wucht einer derart „amoralischen" Historie müsste ungeheuerlich sein. Ihre Maxime wäre konfuzianisch: „Wo alle rühmen: fragen. Wo alle verdammen: fragen." (Man könnte auch sagen: Die Historie stehe unter einem dialektischen Vorbehalt, eben dem, eine These nur gelten zu lassen, wenn ihr widersprochen werden kann. In der Ausdrucksweise der Wissenschaftstheorie hieße das, die eigene Aussage selbstverständlich für falsifizierbar zu halten. „Verifiziert" wird in den Sozialwissenschaften nur durch – physische oder soziale – Gewalt. Daher ist die dialektische Möglichkeit des Widerspruchs nichts anderes als geistig die Möglichkeit des Denkens und gesellschaftlich die Möglichkeit der Freiheit.) Die Geschichtspolitik verfährt umgekehrt. Wo gerühmt wird, rühmt auch sie und mit dem Verdammen hält sie es ähnlich. Sie ist didaktisch, also ein Lehren in den Kurzzeiten der jeweiligen Machtverhältnisse und daher den Mächtigen willkommen. Die derart erzeugte Geschichtserzählung dient als wichtiger Bestandteil der hegemonialen Moralerzählung. Sie verifiziert die Moral durch die Logik des Sieges und sie exemplifiziert sie als deren empirische (Kon)Sequenz. Ein Lernen „für immer" ist hier unmöglich, ein Lernen „für jetzt" jedoch erwünscht. Für eine dialektische Politische Philosophie hingegen, die auf eine Befragbarkeit der Moralerzählung setzt, bleibt Geschichtspolitik unakzeptabel. Geschichtspolitik folgt dem Sprachprinzip von Herrschaft: Wovon sie redet, davon sollen alle reden, doch wovon sie schweigt, davon sollen alle schweigen. Kein Sieger hat sich daher jemals entschuldigt: Gott war auf seiner Seite oder die Logik der Geschichte oder was sonst die phraseologische Leerstelle der Machtrede ausfüllen mochte. Erst wenn der Sieg fragwürdig wird, beginnen Sieger zu stottern. Erst wenn die Nachkommen der Sklaven auf Washington marschieren, setzt ein Stottern ein. Oder aber, wenn es den Besiegten ermöglicht wird, durch Entschuldigungen auf die Seite der Sieger zu wechseln, kommt es dazu: Sie entschuldigen sich nicht als Besiegte, sondern beschuldigen als (Mit)Sieger (weil sie nun an deren symbolischem Kapital teilhaben können): Je weiter die Niederlage zurückliegt, d. h. je endgültiger sie geworden zu sein scheint, desto größer wird die Zahl jener, die (rhetorisch) Widerstand leisten. Der Kampf um die Begriffe ist daher stets ein Kampf um Macht gewesen, denn in der Sprache kann man zwar alles behaupten, doch um seine Behauptungen kommunikativ verbindlich werden zu lassen, bedarf es der Verfügung über jene regulativen, d. h. moralischen Begriffe, die den Kommunikationsfluss regeln wie Ampeln den Verkehr. Begriffsverfügung ist Herrschaftsverfügung, Begriffskritik ist Herrschaftskritik. Der konfuzianische Ansatz fordert von den Begriffen Unerbittlichkeit ein: Mord bleibt Mord, gleich wer ihn begeht, ob Tagelöhner oder Fürst, Raub bleibt Raub und ob eine Schüssel Reis gestohlen wird oder ein ganzes Land ist im Prinzip kein Unterschied. Der Doppelstandard in der Verwendung von Begriffen ist daher kennzeichnend für jede Form kommunikativer Herrschaft, die diesen Standard noch dadurch zu stärken sucht, dass sie unliebsames Wissen marginalisiert oder ganz verdrängt. Öffentliche Erinnerung ist ein Machtverhältnis aus Inkonsequenz der Moralbehauptungen und der Auslassung unerwünschter Tatsachen. Auf diese Weise entsteht der Schein von Eindeutigkeit. Das Sprachprinzip der Politischen Philosophie hingegen wäre es, jeder Moralbehauptung mit dem Anspruch auf Allgemeingültigkeit diese auch abzuverlangen. Politische Philosophie und Historische Theorie würden sich dann in ihren Befunden treffen, ohne in ihren Folgerungen eins zu werden, denn die Theorie will Erkenntnis, die Philosophie jedoch Handeln auf „das Gute" zu.

Sprache ist die semantische Ressource einer Gesellschaft. Sie enthält ihr geistiges Diversifikationspotential. Dessen semantische Weite bezeichnet die Flexibilität einer Gesellschaft, also den Grad ihrer Fähigkeit, beweglich zu bleiben. In ihrer semantischen Ressource speichert eine Gesellschaft gewissermaßen ihre sprachlichen Möglichkeiten ab, (neue) Phänomene zu erfassen, Fiktionen (Visionen) zu konstruieren. Jede Herrschaft strebt nach semantischer Reduktion hin zur Alternativlosigkeit einer Fable convenue: Kommunikation wird rhetorische Gewalt. Damit büßt sie an dialektischer Kraft ein, d. h. der semantische „Lagerbestand" leert sich bis auf den fragilen „Sicherungsbestand" des gehorsamen Redens. Es gibt dann keine alternativen Begriffe, Konzepte mehr, mittels derer sich Veränderungen alternativ erfassen ließen. Es droht der Kollaps: der Herrschaftsrede, der Herrschaft selbst (1789, 1989 und öfters).

3.3 Geschichtsphilosophie

Es gibt drei Fragen, die das Denken umtreiben, zwei soziale und eine existentielle: „Was ist die Gute Gesellschaft und wie wäre sie zu erreichen?" Es ist die Frage der Politischen Philosophie. Dagegen die Frage der Historie: „Was ist Geschichte und warum gelingt es nicht, sie stillzustellen?" Schließlich die existentielle Frage: „Was bedeutet mein Leben vor dem Abgrund der Sterblichkeit?" Die existentielle Frage zielt auf einen „Grund", den sie historisch in der Religion gefunden hat. Die philosophische Frage hingegen bezieht das Problem der Existenz auf die Gesellschaft und sucht es in Formen ihrer politischen Verfassung zu lösen. Die historische Frage jedoch fährt dazwischen, denn die Geschichte ist nicht zu beenden: Die Menschheit kommt an kein Ende (es sei denn, sie entscheidet sich dafür). Diese Fragen wirken ineinander, ohne ineinander aufgehen zu können, weil sie jeweils eine Dimension der Daseinserfahrung in Gedanken fassen, eben die existentielle Einsamkeit des je vereinzelten Menschen in der Endlichkeit seines Körperdaseins, sodann das Bedürfnis nach Geselligkeit, nach Rede, Zuwendung, Anerkennung, Liebe, schließlich jenes paradoxale Wissen zwischen Mut und Entmutigung, wie es sich einstellt, wenn man nur lange genug auf die Geschichte geblickt hat. Eine Konstante verbindet diese drei Fragen und das ist die Suche nach Sicherheit. Es gibt Gesellschaft, weil nur in Gesellschaft Sicherheit erreichbar ist. Doch Sicherheit wird damit zu einer (auch) historischen Größe, d. h. Sicherheit als soziale Konstante wird fortwährend relativiert durch die Unsicherheit als Relativität des historischen Wandels. Geschichte, so gesehen, wäre dann das gesellschaftliche Streben nach Sicherheit in seiner Ambivalenz von Erfolg und Scheitern. Analytisch lässt sich das als Wechsel im Verhältnis der kategorialen Felder auffassen, historiografisch als Ringen um Herrschaft. An diesem Problem, dem Ineinander von Sicherheit und Unsicherheit oder wie immer seine Konfigurationen heißen mögen: Friede und Krieg, Civitas und Despotie, Aufstieg und Fall etc., arbeitet sich die ganze philosophische Beschäftigung mit der Geschichte ab. Ihre Schwierigkeit besteht darin, dass sich Geschichte nicht in derlei Dualitäten auflösen lässt, vielmehr aus deren Ineinander besteht, eben aus Feldern, die sich vielfach und eben deshalb unvorhersehbar überlagern. Eine Antwort auf die Frage nach der Ursache jener die Gesellschaft umtreibenden Unruhe mag sein, dass es „die Gesellschaft" nur als fragilen Regelverbund einzelner Personen gibt, die alle über ein Bewusstsein verfügen, mit welchem sie ihre soziale Stellung, ihre Physis, reflektieren. Würden sie dieses Bewusstsein wie soziale Insekten an die (Vollkommene) Gesellschaft auslagern, wäre es stillgestellt, wäre die Geschichte insgesamt stillgestellt. (Man täusche sich nicht: Dies ist der Zustand des „Paradieses" – die Auslagerung des individuellen Bewußtseins an „das Absolute", wie immer man es benennen möge: Ein Zustand „vor dem Apfelbiss" der Erkenntnis, gewissermaßen vor der Wahrnehmung „Evas" durch „Adam".) Diese Überlegung hat an Faszination nichts verloren. Der historischen Erfahrung hingegen hält sie nicht stand. Der Egoismus und seine Steigerungsformen bis zur Besessenheit sind die Konsequenz. Sie formen das wesentliche Bewegungsmoment der Gesellschaft: Konflikt, Krise, Flexibilität. Ein Moment dieser egoistischen Positionalität ist die Aneignung von Gütern, ein anderes die Aneignung von Prestige, von Macht. Beide sind knapp, d. h. es gibt einen Konflikt um sie. Die Ausbildung von Hierarchie und Elite hat hier ihren Ort, ebenso die Erscheinung des absoluten Menschen. Übt er Herrschaft aus, so ist diese total, unfähig, einer Gegenrede anders als durch Vernichtung zu begegnen. Alle wirkmächtigen Täter der Geschichte gehören hierher. Ihre existentielle Bewusstlosigkeit, verdeckt durch Phrasen, lässt sie zu Führern werden da, wo die überkommenen Ordnungen brüchig geworden sind. Damit löst sich die Frage nach der Rolle „großer Männer" wie jene nach der Rolle von Ideen im historischen Prozess. Beide werden „historisch", d. h. wirkmächtig, wenn es im Verhältnis von Autorität und Gewalt zu einem starken Ungleichgewicht kommt: Ein Funke, der in ein Wasserfass fällt, zündet nicht. Wenn die Umstände nicht explosiv sind, kommt es zu keiner Explosion. Neue Ideen hingegen brauchen die zunehmende Brüchigkeit überkommener Ideen, die in das Autoritätsgefüge eingebaut sind,

d. h. sie prosperieren in Zeiten einer Autoritätskrise. Ähnliches gilt auch für „neue Männer". Allerdings vermag die Gewaltfähigkeit, von der Herrschaft entschieden eingesetzt, eine solche Krise auf lange Zeit zu kompensieren, bei wachsendem Input von Gewalt und Gewalteffekten bzw. Furcht, bis an einer Fragilitätsschwelle bereits kleine Vorkommnisse Kippeffekte einleiten können. Das politische System hat seine Lernfähigkeit – d. h. seine Fähigkeit zur Kommunikation – eingebüßt, Störeffekte schlagen chaotisch zurück. Ein Wechsel in den Eliten ist damit verbunden. Denn darum geht es in der politischen Geschichte: um die Besetzung von Hierarchie-Positionen, zu denen man aufblickt, die über Verteilungsmacht verfügen, die eine Gewaltkompetenz besitzen. Das gilt für die inneren Abläufe des sozialen Konflikts ebenso wie für die äußeren der Eroberung. Auch die Eroberung will Herrschaft, mit jenen Ausnahmen, in denen sie ihre eigene Ethnie in ein von „den Anderen" bewohntes Territorium setzen will, aus dem jene deshalb zu beseitigen sind. Geschichte erscheint somit im Kontext der Gewalt als Ringen um die Okkupation von Hierarchien, vom sozialen Konflikt bis zur erobernden Überlagerung, mit dem Territorium vor allem als Zugabe zu einer ein Mehrprodukt erwirtschaftenden Bevölkerung. Die auf das reine, „gesäuberte" Territorium bezogene Eroberung tritt dazu und zwar dort, wo bereits eine eigene demografische, als Arbeit verwendbare Bevölkerung vorhanden ist. Die Sprache liefert dabei vor allem die entsprechenden Verständigungsformen mit Moralabschluss. Ein symbolischer Überschuss entsteht aus der Verfügung über die Bewußtseinsformeln und ihre Auslegung. Der materielle Überschuss hingegen bleibt sehr lange Zeit an die Demografie gebunden, d. h. an die gesellschaftlich jeweils verfügbare Arbeitskraft, weil die Technik als eigentliche Triebkraft kaum Dynamik entwickelt, segmentär bleibt, bis es zur Netzwerke bildenden Verflechtung der Industrialisierung kommt: Die Technik ist die Geistigkeit der Arbeit. Materieller wie symbolischer Überschuss begründen demnach Herrschaft und der Konflikt um ihren Besitz ist das Zentrum allen sozialen Konflikts bzw. der politischen Geschichte an sich.

Hier nun kommen jene vier Grundfragen in den Blick, aus dem sich eine Philosophie der Geschichte bilden könnte: „Wie ist Geschichte möglich?" wäre die erste Frage, „Wie ist historische Erkenntnis möglich?" wäre die zweite. Dass die Menschen aus dem als symmetrisch, d. h. konfliktfrei gedachten „Naturzustand" herausfallen konnten, hat das soziale Denken seit jeher beunruhigt. Die biblische Erzählung vom „Sündenfall" eines Willens zur Erkenntnis gibt die symbolisch eindrücklichste Antwort. Der Mensch begreift sich als Handelnder, nicht als Ablaufgeschehen in einem Ameisenhaufen. Handeln aber bedingt die Asymmetrie – also Zukunft – als Möglichkeit des Unerwarteten. Geschichte ist damit die Möglichkeit, nicht die Notwendigkeit, des Unerwarteten. Geschichte ist also möglich, weil menschliches Handeln möglich ist. Menschliches Handeln aber ist die Möglichkeit eines aktiven Verhältnisses des Menschen zur Natur und zu sich selbst. Historische Erkenntnis wäre dann eine Weise dieses Selbstverhältnisses. Jede Zivilisation, d. h. jede soziale Differenzierung des Handelns nach Hierarchie, Arbeit, Kommunikation, besitzt Geschichte, doch die Weise ihrer Selbstdeutung muss nicht historisch sein, d. h. allein bezogen auf das Menschenhandeln. Solange das Geschehen auf die Wirksamkeit von Göttern inmitten blinder Menschen zurückgeführt wird, solange bleibt die Frage nach dem vergangenen Geschehen eine Götterfrage, also ein Rätsel. Die „Tatsachen" sind nebensächlich, ihre „Untersuchung" (griechisch „historia") wäre sinnlos, weil sie lediglich den äußeren Schein eines unerforschlichen Willens bilden. Erste Brüche entstehen da, wo Menschen „gottlos" handeln und ihre Blindheit als Effekt ihrer Egomanie begreifen. Der Mensch untersucht den Menschen und versucht – mit gewisser Verzweiflung – daraus zu lernen. Mit der Aufklärung brechen dann auch die zwischenzeitlich errichteten heilsgeschichtlichen Brücken des mittelalterlichen Christentums. Der Mensch verfällt einer Radikalität der Gesellschaft, jenseits derer nichts mehr sein soll. Eine unmittelbare Konsequenz davon ist die Ideologie der totalen Gesellschaft als Zukunftskonstruktion, eine andere deren Negation als Historisierung, als Reduktion allen Handelns, Denkens, Geschehens auf gesellschaftliche Situationen: Der Historiker wird zum Aufklärer, den niemand gerufen hat. Es gibt die Phrase der ideologischen Verblendung, wie wortgeschickt sie sich auch kleiden mag: „Der Geschichtsschreiber des Historismus fühlt sich unweigerlich in den Sieger ein" (W. Benjamin). Es ist der Geschichtspolitiker, der das tut weil er dazugehören will. Der wirkliche Historiker „fühlt" sich in alle ein, Sieger wie Besiegte, Gerechte wie Ungerechte. Er versteht sich weder als Richter noch als Gott, bloß als einer, der im „Triumphzug der Herrschenden" nicht mitmarschiert. Nur dadurch vermag er Aufklärer zu werden (Mitläufer gibt es genug). Historische, d. h. ihrer Relativität bewußte Erkenntnis bleibt selbst relativ. Eben dies hindert sie daran, absolutistisch zu werden, ermöglicht ihr, Kritik zu bleiben, was sie all jenen so verhasst macht, die von ihr Apologie erwarten, dessen, was jeweils als Moralerzählung hegemonial sein soll. Historisches Denken geht hingegen davon aus, dass „der Mensch" nur unter den Bestimmungen von Ort und Zeit, Gesellschaft und Geschichte festgestellt werden kann, dass es ihn jenseits davon nicht gibt. Damit wird es zur Aufgabe des Historikers, der Geschichte jene Eindeutigkeit zu nehmen, wie sie von einer verabsolutierten Gegenwart her behauptet wird, d. h. eine Historiografie der Fragezeichen zu versuchen statt einer der Rufezeichen: „Wahrheit" ist das, an das wir uns annähern, solange wir fragen. Wenn man an nichts mehr zweifelt, woran soll man dann noch glauben? Historische Erkenntnis ist daher insofern möglich, als sie Distanz hält zum gegenwärtigen Handeln, also auch zu aller Zukunft, vielmehr diese der Politischen Philosophie zuweist, eben unter der Maßgabe, dass es kein absolutes Wissen geben kann. Daraus ergeben sich bereits die Antworten auf die restlichen Fragen, nämlich: „Gibt es einen Sinn der Geschichte?" und „Warum sollte man sich für Geschichte interessieren?". Wenn die Sicherheit des Daseins in Gesellschaft, wenn die Mehrung des Wissens und die Selbsterkenntnis des menschlichen Handelns „sinnvoll" sind, dann ist auch „Sinn" in der Geschichte, wenngleich nicht als Fortschritt, welcher schier unaufhaltsam auf „uns" zuführt. Wenn historische Erkenntnis jedoch Kenntnis des Menschen vom Menschen ist, dann muss ein Interesse am Menschen stets auch ein historisches werden. Denn: Wie können wir wissen, wer wir sind, wenn wir nicht wissen, wer wir waren? Wie können wir wissen, wozu wir imstande sind, wenn wir nicht wissen, wozu wir imstande waren? Der Historiker liebt den Menschen nicht – er ist ihm verfallen. Er wiederholt das Pathos einer Vergangenheit – und spürt die Asche in seinem Mund.

Geschichtsphilosophie ist Nachdenken über „Geschichte" in den zwei Bedeutungen, wie sie diesem Begriff zukommen, nämlich einmal „Historie" zu werden, also Wissen über die Vergangenheit als deren sprachliche Darstellung, und zum anderen eine Art existentieller Frage zu sein, nach „Sinn" und „Sinnlosigkeit". Die beiden Grundfragen der Philosophie stellen sich hier erneut, eben die nach der Möglichkeit von Erkenntnis und jene nach der Möglichkeit des Guten Lebens. Geschichtsphilosophie ist das Weiterreden, Weiterfragen nach den Antworten, wie sie Analytik und Historiografie zu geben versuchen. Sie verwirklicht – zusammen mit der

Politischen Philosophie – den Grundsatz der Offenheit des Bewusstseins. Ohne diese Offenheit gibt es kein historisches Denken und die Philosophie ist es, welche sie gegen jeden Anschein des Eindeutigen verteidigt, indem sie sich auf einen „Grund" hin ausrichtet, vor dem alles Annäherung bleibt und doch alles Annäherung wird. Ohne die Anerkennung eines solchen „Grundes" wäre das menschliche Handeln in den Äonen der Geschichte nicht vorstellbar, es sei denn, man reduzierte es auf einen Naturalismus, in dem der Mensch stirbt gleich einem Stein, der zu Boden fällt. Dann jedoch gäbe es auch keine Geschichte: Wer vor dem Tod keine Achtung hat, der hat sie vor den Lebenden auch nicht. Der Tod erzwingt Denken – nicht unbedingt Antworten. Geschichte, philosophisch aufgefasst, ist zum einen die Schicksalsanfälligkeit des an seinen Körper gebundenen Menschen zwischen kollektiven Abläufen, die alles ins Unsichere setzen, und einem Grund, der alles ins Sichere setzt, weil er selbst dem Leid Bedeutung zuweist. Geschichte, philosophisch aufgefasst, ist zum anderen der schier unlösbare Konflikt einer solch existentiellen Offenheit und einer absolutistischen Verschlossenheit. Der Eroberer Timur wäre als Reinform eines derart absolutistischen Täters zu nennen, der die Bedingungslosigkeit seines Handelns aus nichts als bedingungsloser Gewalt zieht. Timur steigert den Absolutismus zu dessen äußerster Konsequenz, die schiere Gewalt, wo seine Gegengestalt Konfuzius die Dialektik zur äußersten Konsequenz zu steigern sucht, der Sprache als Suche nach der Wahrheit im Menschen. Timur schleppt den Tod durch die Schädelstätten seiner Kriegszüge. Er weiß, dass auch er nicht entrinnen wird, doch er rächt sich an den Lebenden, indem er sich zu ihrem Schicksal macht. Mehr noch, er erzwingt seine Unsterblichkeit bei den Nachlebenden, denn indem sie hassen, müssen sie erinnern. Sein Tod wäre erst endgültig, würde man ihn vergessen. Er hat ihr Bewusstsein mit dem Hass infiziert und wenn es zutrifft, dass der Hass tiefer in die menschliche Psyche eingreift als jede Liebe, dann ist er die Kette, welche die Nachlebenden in ihren Verwünschungen mit sich schleppen. Sie tun es mit Begierde.

Das Wissen hat kein Ende, wohl aber einen Anfang, denn um etwas wissen zu können muss ein Wissen bereits vorhanden sein, das angeeignet werden kann. Ohne ein Wissen, das „vor mir" da ist, kann „ich" nicht lernen, sowenig wie „ich" ohne Lebende, die vor mir da waren, nicht lebendig wäre. Vorwissen, Vorfahren, „Geschichte", bilden die Bedingungen jeglichen Daseins, des individuellen wie des sozialen. Dies zu verstehen heißt „historisch" denken zu können. Alles hat Geschichte, es wäre sonst nicht vorhanden. Man steht auf einem Stück Land und frägt: Was war da „vor mir", vor 50, 100 Jahren usw.? Was für eine Person wäre ich gewesen, damals, wie hätte ich mich verhalten? Wer sein gegenwärtiges Dasein einfach fortschreibt, ist für die Geschichte verloren, für die Zukunft auch. Das Historische ist das Schwierige, das Moralische das Einfache und es ist durchaus rational zu fragen, warum man sich das Schwierige antun sollte. Die wenigsten tun es denn auch. Doch ohne Annahme des Schwierigen gibt es kein Denken. Der Historismus ist eine solche Aufforderung zum Schwierigen und deshalb so unbeliebt bei jenen, die „alles" bereits wissen, weil sie „die Wahrheit" zu besitzen glauben und ihnen das historische Denken nicht nur die Schwierigkeit aufnötigen würde, die Andersartigkeit des Anderen, Vergangenen anzuerkennen, sondern ebenso die Relativität der eigenen Erkenntnisposition, Wahrheitsbehauptung. „Historismus" ist daher kritisches Denken, zweifach: als Kontextwissen über Vergangenheit, d. h. als rekonstruierendes „Verstehen" von Geschehen und Wissen aus dem epochalen Zusammenhang, in dem es mit Bedeutung versehen wurde, sodann als Kontextwissen über die Gegenwart, d. h. als distanzierende Reflexion über die harten (façon de pouvoir) wie die weichen (façon de parler) Machtverhältnisse, unter denen der Historiker rückblickend Bedeutungen zuweist: Historisches Denken ist eine Weise, durch geistige Anstrengung welthaft zu werden. Das Elementare menschlichen Daseins in Gesellschaft bleibt sich gleich und doch sind seine Ausgestaltungen, Differenzierungen riesenhaft: Eben deshalb gibt es Geschichte. Folgerichtig besteht die Besonderheit historischen Wissens darin, dass es nicht als Partikularwissen bestehen kann, nur als universelles Wissen in Raum und Zeit: (Historische) Intelligenz ist das Vermögen, (universales) Wissen zu denken. In diesem universalen Impetus nähert es sich der Politischen Philosophie als Reflexion über die „Bestimmung" des handelnden Menschen in den Wirrnissen einer Geschichte, die sie als Auseinandersetzung um „Werte" auffasst, mit dem sozialen Menschen als Bewußtseinswesen, das Werte hervorbringt, sie deutet, um sie streitet, weil der Mensch der Werte, Wertorientierung (fast) genauso bedarf wie der Nahrung: Ohne Visionen sind wir nur Tiere und Visionen sind Werte, um deren Erfüllung wir uns bemühen. Für das historische Denken und seine Weitung zur Geschichtsphilosophie gibt es eine derartige „Bestimmung" nicht. Sie realisiert das Erinnern als eine

Weise geistigen Lebendigseins, als Welt- und Menschenerfahrung aus der langen Zeit, als Bewußtsein von Zeit überhaupt, doch in der reflektierenden Distanz des Begriffs: Wir sind den Toten gleichgültig. Die Historie tut so, als kümmerte uns das nicht. Würde man die Shakespearesche Wendung „a tale told by an idiot" als Kennzeichnung der Geschichte nehmen, so bliebe die Analytik ungerührt, die Politische Philosophie hingegen würde kollabieren. Für die Geschichtsphilosophie jedoch wäre diese „tale full of sound and fury" eine Möglichkeit, über Geschichte nachzudenken, selbst wenn am Ende der Gedanke stünde, Geschichte sei „a tale signifying nothing". In der Geschichtsphilosophie wird der Historiker zum Überlebenden, in der Geschichtsanalytik bleibt er distanzierter Beobachter, in der Politischen Philosophie fordert er „Sinn" ein, als Dialektik aus der Schwierigkeit der Geschichte und der Vision einer Guten Gesellschaft. Historische Anlaytik, Politische Philosophie, Geschichtsphilosophie ergänzen also einander, sie sind selbst ein dialektischer Dreischritt in den Fragen, die Menschen an die Geschichte stellen. Wer nicht dialektisch, d. h. in der Schwierigkeit denkt, denkt nicht, wiederholt nur die Phrasen der Mächtigen oder schreit gegen alles, was nicht in sein Freund-Feind-Schema passt, dieser Primitivitätsreduktion des absoluten Bewußtseins. Historisches Denken ist dialektisches Denken im Bedeutungsraum der Zeit. Geschichtspolitik aber – das ist der Historiker in der Antichambre der Mächtigen. Jede Wissenschaft hingegen zielt auf Theorie, also auf Distanz: Distanz zum Hier und Heute der Opportunitätsverhältnisse. Opportunismus ist ein durchaus berechtigtes Lebensverhältnis, für das Denken hingegen ist er fatal. Das historische Denken in seinen drei Bereichen, eben der Analytik, der Geschichts- und der Politischen Philosophie, muss folglich anti-opportunistisch sein. Es praktiziert Geschichte als Wissenschaft von den Möglichkeiten des Menschen vor einer offenen Zukunft, versetzt sich in die Dialektik zweier Sätze: „Jedes Ereignis ist einzigartig" vs. „Jedes Ereignis ist vergleichbar", und behauptet sich als Begriff der qualitativen Zeit: „Die Akzentuierung der Zeit konstituiert das historische Bewußtsein". Zeit wird akzentuiert durch das Einzigartige der Ereignisse, die aufeinander einwirken, Unumkehrbarkeit verursachen, Asymmetrie, weil jede Veränderung im Einzelnen eine nicht voraussagbare Veränderung der Folgeereignisse nach sich ziehen kann (sog. Pfadabhängigkeit). Die Analytik hingegen zielt auf die Konstruktion von Strukturen unterschiedlicher Allgemeinheit, die aber – wie alle Theorie-Sätze in den

Sozialwissenschaften – keine „mathematische" Exaktheit besitzen können, weil sie sich mit nichtlinearen Abläufen beschäftigen, die nicht durch klare und unverändert gültige Prämissen zu definieren sind. Hinzu kommt, dass hier der Mensch über sich selbst Wissen zu erwerben sucht, er also das hervorbringt, was er dann zu erklären sucht. Er ist sich Objekt und Subjekt zugleich, anders als in der Naturkenntnis, in welcher er zwar Natur auf seine Fragen zurichtet, sie aber nicht hervorbringt: Das Einzige, was wir sicher wissen ist, dass wir morgen mehr wissen. Es gibt Freiheit, d. h. Verantwortung, weil es Unsicherheit gibt. Deshalb gibt es auch Geschichte.

Das Historische ist keineswegs das Selbstverständliche. In der kulturellen Entwicklung der Menschheit tritt es erst spät in Erscheinung, denn die Natur wirkte als Taktgeber der Menschenzeit in der Abfolge der Jahreszeiten als Nahrungszeiten. Gegen die Natur sich auflehnen zu wollen wäre sinnlos gewesen: Gegen die Götter sich auflehnen zu wollen, wäre sinnlos gewesen. Der Mythos beschreibt einen kosmischen Nexus, der nicht zu enträtseln ist, dem nur der Dulder entspricht, indem er sich unterwirft. Der Mensch bedeutet nichts, daher kann es keine Historie geben. Um etwas bedeuten zu können, muss er sich als einen anerkennen, der durch Handeln etwas ändern kann. Er muss sich als einen erkennen, der sein Schicksal selbst gestaltet, sein Verhängnis ebenso wie sein Glück. Geschichte, Historie als Bewusstsein, entsteht da, wo der Mensch aus dem Unveränderlichen der Natur in das Veränderliche seines Handelns überwechselt, wo er sich selbst zur Verantwortung ziehen muss. Historie wird zur Behauptung, dass das Bedeutsame das Veränderliche sei, nicht das Unveränderliche, weil es der Mensch – das veränderliche, verändernde Wesen – sei, welcher eben darin seine Freiheit realisiere. Geschichte wird zum Schicksal, das Menschen sich selber antun, bei Thukydides zuerst: In der Geschichte wird alles Bleiben zum Provisorium des Lebens. Im Mittelalter tritt noch einmal das Göttliche dazwischen, doch nun bereits in die Menschengeschichte als Heilsgeschichte verwoben, einen Gedanken einfügend, der wesentlich wird, den einer linearen Kausalität auf ein gutes Ende zu, zumindest für jene, die erwählt sein werden. Bleibt hierbei der Körper ein eher negatives Nebenher, so rückt er mit Einsetzen der Neuzeit ins Zentrum. Der Körpermensch zeigt sich zweifach, als „homo homini lupus" wie als „homo faber", als einer, der sich selbst bedroht und deshalb so entschieden nach Sicherheit trachtet, die er durch das Artefakt des Staates herzustellen sucht, wie als einer, der sich von der Natur bedroht sieht und deshalb so entschieden nach Sicherheit trachtet, die er durch das Artefakt der Technik herzustellen sucht. Politische Philosophie und Geschichtsphilosophie begegnen sich in Bezug auf einen Menschen, der nur noch sich selbst gehören will. Aus dem Heilsversprechen eines unberechenbaren Gottes wird ein Fortschrittsversprechen, das der Mensch sich selbst gibt.

3.4 Summe

Reiche entstehen und vergehen, Menschen werden geboren und sterben, Sieger tauchen ihre Schwerter ins Blut und in ihr Blut werden andere ihre Schwerter tauchen: doch der Regen fällt vom Himmel, der Wind weht, die Erde zieht ihre Bahn in Zeiten jenseits des Menschen. Bedeutung kann es hier nur noch geben in Formen des Sozialen, als Handeln in der Unumkehrbarkeit der Zeit. Diese Unumkehrbarkeit ist Ausdruck einer grundlegenden Instabilität des Menschlichen, als Instabilität des Gehirns, des genetischen Spiels bei jeder Geburt, des Sozialen als eines aus Variablen Zusammengesetzten, der historischen Situation als Wechselgefüge aus interagierenden Handlungsfeldern. Die anthropologischen Motive des Menschen bezeichnen dann Möglichkeiten, die sich als Handeln realisieren, in ganz unterschiedlichen Gewichtungen. Sie bezeichnen zugleich Grundformen des Politischen, eben die Begründung der Herrschaft vom Körper her, seiner Sicherung, seiner Bedrohung, sodann deren Begründung vom Wissen des Absoluten her, die den Körper vom Zweck zum Mittel werden lässt, schließlich ihre Begründung von der Empathie des miteinander Redens her, die weiß, dass sie ohne Körperlichkeit nicht möglich wäre. Wer dabei das Böse benennen kann wird machtvoll im Reich des Bewusstseins. Wer aber den Schmerz, die Angst davor, zu bannen vermag oder mit ihnen zu drohen, wird machtvoll im Reich des Körpers. Der Schmerz und das Böse gründen eine Herrschaft, die Normen setzt, durchsetzt, weil diese in ihnen ihren Ursprung haben. Der Körper bindet den Einzelnen an die Kollektivitäten von Gesellschaft und Territorium. Auch die dialektische Rede macht hier keine Ausnahme. Sie relativiert nur das Naturale und das Absolute. Ihr Bezugspunkt ist die Gemeinsamkeit der Suche nach einem „Grund" des Daseins, die historisch nie an ein Ende kommt, doch als Frage nach der Guten Gesellschaft jede bestehende beweglich hält. Die Dialektik fordert dem Bestehenden eine

Antwort ab und sie wird nur dort radikal, wo ihr diese verweigert wird, d. h. im Zustand der Despotie. Die Politische Philosophie weiß um ihre Idealität und sie gründet in der Überzeugung, dass die Realität ohne ein Ideales „als Wegzehrung" nicht zu ertragen wäre.

Geschichte, philosophisch betrachtet, wäre dann der dialektische Zwiespalt zwischen dem Sollen eines die Gemeinschaft integrierenden Guten und dem Sein ihrer tatsächlichen Verfassung. Politisch drückt sich das als Verhältnis von Gewalt und Autorität aus, dieser Funktionsgrößen von Herrschaft. Die philosophische Perspektive kollabiert, wenn dieses Verhältnis kollabiert, also die Gewalt dominant wird. Geschichte, materiell aufgefasst, wäre hingegen ein langanhaltender Vorgang der Differenzierung, unterbrochen immer wieder durch Kontraktionen. Differenzierung als Steigerung von Komplexität ist ein Grundvorgang allen Lebens, vom Embryo, der gegliederter Körper wird, zur Familie, die in die gegliederte Gesellschaft übergeht, zur Geschichte als dem Neben- und Nacheinander unterschiedlich gegliederter Gesellschaften. Geschichte, formal gefasst, wäre dann die Differenzierung von Kategorien in Netzwerke, deren Potential der Veränderung durch Interaktion und von außen einfallende Ereignisse unabsehbar ist. Für die historische Erkenntnis bedeutet dies, dass finale Aussagen nicht möglich sind, weil sie in ihren Fragestellungen, Erkenntnisinteressen stets auf historisch-gesellschaftliche Kontexte bezogen bleiben und weil der Komplexitätsgrad des nichtlinearen Interaktionssystems „Geschichte" allenfalls abstrahierte Konstruktionen erlaubt. Die Konsequenz daraus formuliert das Prinzip der Historizität bzw. der Relativität des sozialen Erkennens. Als analytisches Werkzeug wirkt dieses Prinzip selbst als Vorgang der Differenzierung, indem es Werte, Handlungen, Geschehnisse aus den Kontexten heraus zu erfassen sucht, in denen sie auftreten, in denen sie möglich geworden sind. Die Historizität ist ein Messer der Analyse und zugleich die unerbittlichste Form von Moral, weil sie deren Behauptungen mit der Relativität des historischen Ortes wie der Relativität ihrer Abhängigkeit von gesellschaftlichen Machtverhältnissen konfrontiert: Historische Erkenntnis dieser Art wird weithin unerfreulich und eben darin liegt ihr größter Gewinn. Sie gleicht dem konfuzianischen Schrecken: Die Unfähigkeit, politisch zu lernen, ist nichts als die Unfähigkeit, historisch zu denken.

4 Praxis

4.1 Zivilisation

Das Leben ist nur ein Augenblick im Dasein des Planeten Erde. Der Mensch ist nur ein Augenblick im Dasein des irdischen Lebens. Die Zivilisation ist nur ein Augenblick im Dasein der Gattung Mensch. Zivilisationen sind soziale Gefüge der langen Zeit. Sie erscheinen nach der Naturalphase, in der Agrarphase der Menschheit als Überschussphänomene der Arbeit. In der Agrarphase wird die Gestik zur Schrift, das Feuer als Ofen werkzeughaft, das existentielle Bewußtsein von Leben und Tod zu ritualisierter Religion, das Werkzeug selbst in Gewerben differenziert, die Gewalt zum Krieg organisiert. Organisation ist überhaupt das Merkmal der neuen Daseinsordnung und seine Ausformungen sind Stadt und Herrschaft. Klimatisch begünstigt wird der Übergang durch einen globalen Erwärmungsprozess (ca. 10000 Jahre v. Chr.) und infolge dessen durch ein nachhaltiges demografisches Wachstum (von ca. 5 Millionen auf ca. 300 Millionen um die Zeitenwende). Zivilisation wird damit zu einem dreifachen Vorgang der Domestikation, eben der Natur durch Ackerbau, Bewässerung, Straßenbau, der Gewalt durch ihre Monopolisierung in den Händen der Herrschaft, des Menschen selbst durch soziale Kontrolle und die psychische Einübung von Normen. Die „Kunst", also die menschliche Fähigkeit, etwas hervorzubringen, das so nicht in der Natur vorhanden ist, wird zur Bedingung der Zivilisation. Zivilisation ist Überschreitung des Naturalismus. In ihr treten neue Motive des Menschseins hervor, das absolute, das dialektische. Es sind Motive des „Mehr" (als Leben, Überleben) und sie sind möglich geworden durch das Mehr an Gütern, wie es die sesshafte, arbeitsteilige Arbeit erzeugt hat. Als Ordnungsform der sehr langen Zeit formt sich in einer Zivilisation die Religion als absolutes Motiv, ist sie doch die Symbolisierung solch langer Zeit in Riten, die sinnhaft sind, weil sie der Fragilität der kurzen Zeit eine wie ewige Wiederkehr abzwingen, ein Ethos der Dauer hervorbringen. Wenn der Zweck der Vergesellschaftung die „Sicherheit" ist, dann wird im Zustand unsicherer Nahrung die religiöse Symbolisierung zum einzigen Absolutum der Gesellschaft. Der Weg der Nahrung in die Sicherheit ist kaum absehbar. Es ist der lange Weg der Technik mit der

Werkzeug- und der Kraftmaschine als Drehpunkt und einer technischen Auffassung der Natur, deren Wesen die Umwandlung der Natur in „Kunst" ist, d. h. in die Stadt. Jede Zivilisation ist eine urbane Erscheinung, weil sie eine Erscheinung der Kommunikation ist, des Austausches von Worten, von Gütern und Diensten. Der Untergang einer Zivilisation ist daher stets der Untergang ihrer Städte gewesen. So wie im Begriff der „Kultur" der „Kult" als – sozialer wie lokaler – Ort der Kommunikation (mit Göttern wie anderen Menschen) und die „Agrikultur" als – sozialer wie lokaler – Ort der Nahrungsgewinnung (mit der Domestikation der Natur) angelegt ist, so ist im Begriff der „Zivilisation" sowohl die Stadt, „civitas", als – sozialer wie lokaler – Ort der Kommunikation (zwischen „Bürgern" als Teilhabern einer politischen Gemeinschaft) und die „Gesittung" , Triebregulierung, als – sozialer wie lokaler – Ort der Akzeptanz von Normen (mit der Scheidung von legitimer und illegitimer Gewalt) enthalten. Den Knotenpunkt beider bildet „das Haus" als sozialer wie lokaler Ort des Friedens, der Sicherheit und Zugehörigkeit, der Anerkennung von Regeln. Die Domestikation reicht vom Pflanzensamen, vom Tier bis zum „dressierten" Menschen. Sie ist ein Selektionsvorgang, der sich ständig wiederholt, Muster stabilisiert, aber auch auf neue Muster ausgreifen kann. Sein Modus ist das Auszutilgende, vom Unkraut bis zum Bösen. Ihrer psychischen Ordnung nach sind Zivilisationen Gebilde aus Scham und Schuld, aus sozialer Normenkontrolle und jenem Schuldgefühl, wie es der Einzelne sich selbst macht, zumindest solange ein Gott ihn beobachtet, ehe die Schuld in die Gesellschaft hineinexplodierte, d. h. die Absolutheit Gottes vor jener des Menschen zerfiel und der Mensch seine Welt von einer Möglichkeit Gottes, derer man sich nie sicher sein konnte, zu seiner eigenen Möglichkeit gemacht hat, seit der Französischen Revolution also.

Geschichte ist dann jenes soziale Handeln in der Natur, das Distanz herzustellen sucht. „Distanz" ist der Abstand, den das Werkzeug erzeugt und das Bewußtsein interpretiert. Aus diesem Bestreben, die Welt aus der Gleichgültigkeit der Natur herauszuzwingen, formt sich „Zivilisation". Sie ist ein Versuch der Sicherheit in der langen Zeit und sie findet ihr Zentrum in der Sphäre eines tradierenden, d. h. „kollektiven" Bewusstseins verbindlicher Normen. Aus diesem Bewusstsein ergibt sich jene Kontinuität des Sinnbezugs, die den historisch variierenden Wertsetzungen der Gesellschaft ihre Festigkeit verleiht. Jede Zivilisation besteht aus sie variierenden einzelnen Gesellschaften, die sie in Handlung, „Geschichte" umsetzen, deuten, umbilden, und ihr so Realität, „Dynamik" verleihen. Die Allgemeinheit verschiedener Gesellschaften ist ihre zivilisatorische Gemeinsamkeit, d. h. eine jeweils grundlegende, eigentümliche Weise des sozialen Umgangs mit Arbeit, Gewalt, Sprache, Sicherheit. Die mentale Struktur dieses Umgangs bildet den „Sinn" als Ordnung „letzter" Werte, durch welche eine Zivilisation integrierend wirkt. Die materielle Struktur dieses Umgangs beschreibt den Umfang, in welchem Arbeit und Technik die Natur zur Ressource machen können. Materiale wie mentale Struktur wechselwirken miteinander, denn jedes Handeln enthält Bedeutung und keines wäre ohne eine materielle Voraussetzung möglich. Jede Zivilisation ist also ein Sinn- und Bedeutungszusammenhang von großer Allgemeinheit, der gleichwohl in der Geschichte bleibt. Als Sinnzusammenhang bietet sie eine Auslegung der „Ordnung des Kosmos", als Bedeutungszusammenhang bietet sie Aussagen über die „Ordnung der Gesellschaft". Eine Zivilisation entsteht in einem bestimmten Naturraum, in dem sie einen wachsenden Überschuss zu erzeugen vermag. Es kommt zur sozialen Differenzierung, zur Hierarchisierung, zur Herausforderung durch Gewalt. Im Bemühen um Bedeutung, d. h. um einen kommunikativen Zusammenhang, der über den familialen Kreis „okularer" Bekanntschaft hinausreicht, bildet sich ein Sinn- und Bedeutungsgefüge aus, das kommunizierbar ist. Zivilisationen sind rezeptionsfähig, weil sie kommunikationsfähig sind, d. h. sie können lernen. Allerdings ist die Rezeptionsfähigkeit unterschiedlich. Neben rezeptionsbereiten Zivilisationen, wie der antiken oder japanischen, stehen eher geschlossene wie die ägyptische oder chinesische. Die geografische Lage spielt dabei eine Rolle, ebenso die Art des hierarchischen Aufbaus. Ägypten wie China sind Räume eines wie zeitlosen Umgangs der Nahrung schaffenden Arbeit mit der Natur, die früh in einen herrschaftlichen Zusammenhang eingebunden werden. Der Naturraum öffnet sich nach innen hin zur Fülle wie er sich nach außen hin zum Mangel abschließt: Flussgebiete, durch Trockengebiete begrenzt. Die Zeit der Arbeit wird zeitlos, die Zeit der Gewalt bleibt kurzzeitig. Die Arbeit besiegt die Gewalt, die Eroberung, weil sie wie zeitlos ist. Das ist nicht immer, überall der Fall.

Jede Zivilisation wäre dann eine bestimmte Ausgestaltung der anthropologischen Motive im Handlungsfeld der Kategorien, also der Motive des Naturalen, Absoluten, Dialektischen auf Arbeit, Gewalt, Sprache, Sicherheit zu. Ihre materielle Basis besteht im Überschuss, an Arbeit die Güter erzeugt, an Menschen, die Generationsfolgen bilden, an Wissen, das teil- und mitteilbar ist. Aus dem Mehr an Nahrung entsteht ein Mehr an Menschen, aus beidem ein Mehr an Wissen. In der sozialen Gestaltung des ökologischen Zusammenhangs von Klima, Naturraum, Wasser formen sich Zivilisationen aus, am Übergang vom 5. zum 4. Jahrtausend v. Chr., zuerst in Mesopotamien, Ägypten, dann in China. In ihnen besetzen Menschen den Raum mit Arbeit, Herrschaft, Bedeutung, Sinn. Mit der Sesshaftigkeit kommt die Organisation: der Nahrung als Arbeit und Verteilung, der Gewalt als Verteidigung, Herrschaft. Zur Friedensaufgabe von Herrschaft gehören Nahrung, Schutz, Sinn, denn nur in dieser Dreiheit von Sicherheit vermag der Mensch seiner existentiellen Unsicherheit zu begegnen. Die Erzählung vom „Sinn" bringt die großen Fragen des Menschen zusammen, die Frage warum er denn überhaupt vorhanden sei, die Frage ob es eine kosmische Ordnung gibt, die Frage was das für die Gesellschaft, für den Einzelnen bedeutet. Diese Große Sinnerzählung, zusammen mit ihren sozialen Ausdeutungen, formt das „Wesen" einer Zivilisation. Sie befriedet die existentielle Unruhe und befriedet damit die je vorhandene Gesellschaft, weil sie die dort geltenden Bedeutungen richtigen oder falschen Verhaltens auf ein Letztgültiges beziehbar macht, meist ein Absolutes, Religiöses. Ihr Träger ist eine sie als Wissen tradierende Elite (Schriftgelehrte verschiedenster Art, Priester, Erinnerer). Verschwindet diese Elite (z. B. durch Gewalt, wie in der spanischen Eroberung Mexikos, Perus, oder durch ökologischen Kollaps, wie bei den Mayas), so verschwindet auch die Zivilisation als Wissen, d. h. sie wird Archäologie. Wenn niemand mehr erzählt, tradiert, weil das Erzählte keine Sinnbedeutung besitzt, verschwindet eine Zivilisation, wie die ägyptische nach drei Jahrtausenden Dauer, vor den neuen Sinngeboten des Christentums, des Islam, und den sie stützenden neuen Machtverhältnissen, die über eigene Sineliten verfügten. Die antike Zivilisation hingegen entwickelte sich in einem offenen Naturraum mit dem Meer als Mitte, das den Naturraum zu einem Kommunikationsraum werden ließ. Dass sich die politischen Gebilde vor allem als kleinräumige Stadtrepubliken ausbildeten, realisierte dieses Kommunikative auch für den sozialen Bereich. Mit der Ausweitung des römischen Imperiums verlor dieses Moment zwar an Bedeutung, doch mit der Romanisierung einer jüdischen Sekte zur christlichen Kirche entstand eine neue kommunikative Instanz mit einer Wissenselite, die verhinderte, dass von der Antike nur Steine übrigblieben. Das, was dann zum „Abendland" wurde, ist demnach eine pyramidale Zivilisation, eine rezeptive, die weder geografisch abgegrenzt war noch über eine schließbare Wissensbasis verfügte. Antikes und religiöses Wissen bestanden nebeneinander, ineinander fort, d. h. die Möglichkeit eines säkularen Wissens blieb gewahrt. Mit der christlichen Vorstellung der „Eschatologie" entstand zudem ein neues Spekulationspotential von beträchtlicher Wucht, verbanden sich in ihr doch Geschichte und Sinn in vordem nie gekannter Weise: Geschichte selbst war sinnhaft geworden, als Prozess, der sich auf ein bestimmtes Ziel hin zubewegt, über alle Menschen, alle Gesellschaft hinweg. Und noch etwas ist neu in dieser Zivilisation: die Idee der Freiheit und ihre Begegnung mit der Arbeit.

Freiheit setzt die freie Verfügung über den eigenen Körper voraus, doch weil die europäische Stadt sich primär von Arbeit und Gewerbe herleitet und nicht vom Waffendienst, wird die städtische Freiheit zur Möglichkeit einer Ehre der Arbeit. Mit ihr jedoch tritt das Eigentum nach vorne als etwas, das (prinzipiell) durch Arbeit hervorgebracht wird und nicht durch Gewalt. Der Bürger verdrängt die Schwertträger als Repräsentanten „des Landes" gegenüber der Herrschaft. Ohne eine solche Repräsentation hätte es einen Parlamentarismus nicht geben können. All dies sind Merkmale der europäischen Zivilisation, doch entscheidend für ihre welthistorische Dynamik ist die Freiheit der Arbeit geworden. Der Weg der Technik in das Wissen, die Expansion toter Energien wären ohne Freiheit und Ehre der Arbeit unmöglich geblieben. Für die Freiheit des Wissens wiederum wurde die Trennung von Herrschaft und Kult wichtig. Das Säkulare konnte sich neben dem Sakralen als „Wissen" behaupten: Nicht alles, was Wissen war, stand in der Heiligen Schrift. Die Verbindung schließlich von Arbeit, Eigentum, Gewinn wurde als „Kapitalismus" zur Triebkraft in der Ökonomisierung der Freiheit. Damit zeigt sich die europäische Zivilisation als kategoriale Konfiguration. In ihr bleibt die Arbeit nicht einfach die dienende Voraussetzung des zivilisatorischen Prozesses, sie wird vielmehr zu seiner Dynamik, die auf Technik zielt. In der Technologie als Kausalität von Gerät, Wissen, Energie vollendet sich die europäische Arbeit, im Gedanken von der Selbstherstellung des Menschen behauptet sie sich als Sinngröße schlechthin. Für die europäische Gewalt kennzeichnend ist zum einen ihr gesellschaftlicher Bezug im Feudalismus, der einen ersten Repräsentationszwang

auf die politische Herrschaft ausübte, zum anderen ihre seit der Pulverrevo-
lution wachsende Beziehung zur Technik in vier Dimensionen (Erde, Wasser,
Luft, Cyberspace). Betrachtet man die Sprache, so fällt die sich weitende
Profanität des Wissens und damit der Kommunikation auf, ihre Weitung zur
Öffentlichkeit durch die Technik (Buchdruck, elektrische Medien). In der
Sicherheit kommt es zur allmählichen Veröffentlichung der „Unsicherheit",
also ihrem Herauswachsen aus den kleinen Sphären der Gruppensolidari-
tät, der Gnade, in die Weitungssphäre des Staates, auch hier im Kontext
von Technik bzw. Industrieproduktivität. Am (vorläufigen) Ende steht der
europäische Sozialstaat mit dem neuen „Recht" auf soziale Sicherheit.

Dass Zivilisationen sterblich sind, weiß man längst. Schon die Römer
schritten über Ruinen, auch solche, die sie nicht verursacht hatten. Dass
Rom selber unterging hat die Sterblichkeit der Zivilisation zur Gewissheit
werden lassen. Eine Zivilisation „stirbt", wenn sie die beiden Momente des
Sozialen verloren hat, wenn sie gewaltunfähig geworden ist und unfähig,
ethische Normen verbindlich sein zu lassen. Beide: Gewalt wie Normen,
sind Erscheinungen der Grenze, ihrer Überschreitung, ihrer Bewahrung: Sie
sind die dialektischen Bewegungen der Zivilisation. Normen organisieren
jene grundlegenden Wertentscheidungen, die einer Gesellschaft – als histo-
rischer Variation einer Zivilisation – zu einem „Ethos", einer durchgreifen-
den Vorstellung von Gemeinschaftlichkeit verhelfen, welche selbst Grenzen
setzt, nach innen (in der Anerkennung einer Res publica), nach außen (in
der Abgrenzung von anderen Wertgemeinschaften), zur Gewalt hin (als
Furcht vor der Kinesis). Eine Gesellschaft, welche die Fähigkeit verliert, ihre
Mitglieder durch den Bezug auf ein – zivilisatorisch gegründetes – Gefüge
von Werten zu binden, zu verbinden, verliert ihren ethischen Sinn, nämlich
den Naturalismus zu begrenzen, „einzuhegen": Sie wird „sinn-los". Zivilisation ist die (Fort-) Dauer der langen Zeit und Zeit kann nur in Menschen
dauern. Wenn lange Zeit, „Tradition", zu nichts als Kurzzeit zerfällt, „Jetztzeit", wird die Zeit sterblich, denn das, was ihr Halt verleiht: das Vertrau-
en, braucht Vergangenheit als Zukunft, um zu funktionieren. Zivilisation
als der soziale Raum, in dem die Friedenssphäre des Hauses (domus) zur
Stadt (civitas) wird, in dem jeder sich furchtlos bewegen kann: sie verfällt
der Kinesis, wenn ihr die lange Zeit verloren geht. Die Tradition kann zu
Stagnation führen, doch keine Zivilisation ist an ihrer Tradition zugrunde

gegangen: Eine Zivilisation zerfällt, wenn sie (als Wertegemeinschaft) den in ihr lebenden Menschen gleichgültig geworden ist.

4.2 Kinesis

Politik ist Umgang mit Gewalt und Sprache. Die Gewalt ist ihr Anfang wie ihr Ende. Ihr Anfang ist da, wo die einen gewaltfähig sind, die anderen nicht. Ihr Ende ist da, wo die anderen gewaltfähiger werden. Gewaltfähigkeit im Sozialen ist Organisation. Überlegenheit in der Fähigkeit zur Gewalt entsteht durch Organisation. Daher ist Herrschaft die Organisation von Gewalt. Will sie allerdings Dauer werden, bedarf sie der Sprache. Erst als Sprache schließt sie sich in den zivilisatorischen Kreis, nimmt Teil am Fragen nach Sinn und Existenz, nimmt also Teil an dem, was das Naturale übergreift, sucht nach Rechtfertigung im Bewusstsein. Autorität entsteht. Sprache zwingt zur Rechtfertigung, weil sie mehr ist als jenes Situative, in dem die Gewalt wirksam wird, weil sie Kommunikation als Versuch der Verständigung ist, der ihr Gegenüber nicht durch Totschlag verloren gehen darf. Herrschaft versucht die Gewalt zu versprachlichen, als Rechtsprechung vor allem. Das Recht exekutiert sich im Gehorsam der Betroffenen als versprachlichte Drohung mit Gewalt zum einen, als Okkupation des Bewusstseins durch moralgeprägte Begriffe zum anderen. Recht ist Geltung durch Gewalt und Moral: Die Herrschaft setzt es als Gesetz, setzt es durch als Richterspruch und sie tut beides aus ihrer Verfügung über Gewalt, deren Aktualisierung jedoch marginal bleiben kann, weil die Moral den Rechtsgehorsam als Rechtsgefühl gewährleistet. Trägt das Rechtsgefühl das geltende Recht nicht länger, so verliert das Recht seine Funktion im Gefüge der Autorität, nämlich Gewalt in der Gesellschaft zu marginalisieren. Sprache pazifiert Gewalt, indem sie den Gehorsam als Befolgung sozialer Regeln zu einem kommunikativen Vorgang werden lässt. Verliert diese Kommunikation ihre Selbstverständlichkeit, d. h. ihre die soziale Rede zur Verständigung hin ordnenden Begriffe, so zerfällt sie. Es kommt zum Vorgang der Kinesis. Kinesis ist Gewalt. Sie ist Zerstörung der Sicherheit in ihrem Kern, Erwartungssicherheit zu sein, wie in ihrem Effekt, aus Einzelnen soziale Wesen werden zu lassen, also Gesellschaft zu ermöglichen. Sie reduziert Technik auf ein bloßes Mittel der effektiven Vernichtung. Ihre Dynamik zieht sie aus der Zerstörung der Sprache: Bedeutung (auch) für den Anderen gibt es nicht mehr, so wenig wie eine Moral, die ihn einbezieht.

Wer auf das menschliche Verhalten in Extremsituationen blickt, erkennt das Elementare. Ein Wissen entsteht, das sich nicht im Vorübergehenden verläuft. Zeiten, in denen das Elementare sichtbar wird, sind Zeiten der Kinesis, in denen die Gewalt wie eine Seuche unter die Menschen kommt. Panik breitet sich aus, eine Bewusstseinsbesessenheit der totalen Gegenwärtigkeit, ohne Rücksicht auf ein Zuvor, ohne Vorsicht für ein Danach. Pest und Gewalt sind eins, sie kennen nur Sterben oder Überleben im Jetzt. Bei Thukydides (ca. 460–400 v. Chr.) wird die Pest zum psychischen Vorspiel des vernichtenden Krieges. Sie übt sein Muster ein: „Weder Götterfurcht noch Menschensatzung hielt die Menschen in Schranken...Sich im voraus für ein edles Ziel abzumühen war niemand bereit" (Peleponnesischer Krieg). Der Weg der Pest durch die Polis ist wie der Weg des Krieges. Nicht nur in den Straßen, auch in den Tempeln liegen die Toten haufenweise, doch um die Götter kümmert man sich nicht und sie kümmern sich nicht. Thukydides, einer der entkam, blickt auf die Kinesis und fordert ihr Wissen ab, in der Hoffnung auf Vernunft „ein nächstesmal". Ohne eine solche Hoffnung bliebe alles Fragen vergeblich, doch mit ihr behauptet sich das Denken gegen die Verheerungen der Kinesis. Es erkennt ihre Pathologie und beschreibt sie. Indem die kämpfenden Parteiungen „den bislang gültigen Gebrauch der Namen für die Dinge nach Belieben vertauschen", zerstören sie das soziale Vertrauen und damit die Friedensordnung der Gesellschaft. „In Frieden und Wohlstand leben Städte und Menschen nach besseren Grundsätzen, weil sie nicht in ausweglose Not geraten", denn wenn man sich in der Sprache nicht (mehr) begegnen kann, „ist auf Sicherheit nicht länger zu hoffen". „Schönklingende Worte, langatmige Reden" sind überflüssig geworden. Die Sprache ist kein eigener Bereich des Handelns mehr, weil alles Handeln Gewalt geworden ist. Damit gilt, „dass Recht im menschlichen Verkehr nur bei gleichem Kräfteverhältnis zur Geltung kommt, die Stärkeren aber alles in ihrer Macht Stehende durchsetzen und die Schwachen sich fügen". Das Tragische ist verschwunden. Der Mensch des Thukydides handelt nicht blind in der Fatalität der Götter, er tut sich alles selber an und weiß es. Wer schwach ist, soll nicht klagen. Wäre er stark, „würde er ebenso handeln". Am Ende bricht die Gewalt selbst in die Urbereiche der Sicherheit ein. Sie wird absolut. Das Ungefähre der Kommunikation schrumpft auf die

Eindeutigkeit von Freund und Feind, zwischen denen es keine Rede gibt, weil es keine Verständigung mehr geben darf: „Sieben Tage brauchten sie, um alle umzubringen, die sie für ihre politischen Feinde hielten...Der Vater brachte den Sohn um, von den Altären riss man sie und tötete sie auf den Stufen". Die absolute Gewalt anerkennt nichts mehr, das sie noch aufzuhalten vermöchte: Nicht die Gesetze der politischen Gemeinschaft, nicht die Gebote der Götter, nicht einmal mehr die Familie, diesen ersten Kreis des Vertrauens.

Wer zum Schwert greift, kommt durch das Schwert um – wenn es ihm denn aus der Hand geschlagen wird. Den Frieden gibt es dann, wenn nur noch einer das Schwert hat, oder in der radikalen Antwort eines solchen Schwertträgers auf den Hinweis, neun von zehn Einwohnern des Landes würden ihn hassen: „Wenn nur der Zehnte bewaffnet ist". Den anderen hatte er bereits das Schwert aus der Hand geschlagen: Oliver Cromwell (1599–1658), angetreten, im Namen Gottes ein Neues Jerusalem zu bauen, um als Polizist Gottes zu enden in jenem zeitlosen, unzerstörbaren Alten Jerusalem, zwischen Pharisäern und Zeloten, „Hurensöhnen, Säufern und korruptem Gesindel". Mehr als zwei Jahrtausende sind seit dem großen Krieg der Hellenen vergangen und etwas ist erkennbar dazugekommen, ein Feind, der mehr ist als nur ein menschlicher, und ein Krieg, Bürgerkrieg, der mehr ist als ein bloß physischer: Der Furor des absoluten Gottes wirkt in ihm. Die antiken Götter, selbst wenn man an sie glaubte, vermochten einen solchen Furor nicht zu entzünden. Es waren zu viele, in ihren Zwistigkeiten den Menschen zu ähnlich, überdies selbst der Zeit unterworfen, wenngleich einer sehr langen. Der Eine Gott des Monotheismus hingegen war ein radikal Anderer, Schöpfer von Erde, Mensch, Zeit. Diese Gotteszeit war ein Geschenk an die Menschen, messianisch gefüllt, im Christentum eschatologisch auf die Wiederkehr des Gottessohnes gerichtet, mit Apokalypse und Tausendjährigem Reich als Kinesis, in welcher die Menschenordnung zur Heilsordnung umgewälzt wird. Nicht mehr um Melos oder Sizilien geht es, auch nicht um Athen oder Sparta. Es geht um das Werk Gottes auf Erden, das alle Geschichte hinter sich lässt, um die Rettung der Seele, des Einzelnen, des Volkes, und nicht um irgendwelche Beute, um ein Stück Land. Die Kinesis wird Vollzug der Rettung: So zumindest sehen es Cromwell, sehen es die „Heiligen" als bewaffnete „Werkzeuge" des göttlichen Willens. Nicht alle sehen es so. Die Pathologie kehrt wieder, doch nun als Erkrankung der

Psyche selbst. Nicht mehr der Naturalismus einer Triebnatur, die sich vor den Drohungen und Mahnungen der Herrschaft nicht länger fürchtet, weil sie Beute wittert, Ruhm, Macht, versetzt den Menschen in Raserei. Er wird wahnsinnig, geistig krank, weil er glaubt, das Werk des Absoluten zu tun. Thomas Hobbes (1588–1679) blickt darauf. Er diagnostiziert die Krankheit als eine nicht nur des Körpers, auch der Seele, und sucht nach einer Medizin über die Selbstheilungskräfte der hippokratischen Medizin des Thukydides hinaus: Er schneidet mit dem Messer.

Mit dem Furor des Absoluten beginnt ein neues Zeitalter des sozialen Bewusstseins. Seine Grenze bildet immer die Drohungsmacht des Todes, doch mit der Drohungsmacht der Hölle wird diese Grenze noch fürchterlicher, auch weil das Versprechen des Himmels sie parallelisiert. Das Fürchterliche ist nicht mehr der Tod an sich als Ereignis in der Zeit, sondern die Gefahr, den Himmel zu verfehlen in Ewigkeit. In der Hölle dauert die Kinesis fort, ewig. Das ist ein neuer psychischer Zustand, der die Kinesis in die Gesellschaft trägt, solange dort Gerechte neben Ungerechten leben. Doch die Hoffnung, alle Ungerechten daraus zu entfernen, scheitert in der Wirklichkeit: Man mag jäten und säen wie man will, man wird nie fertig damit, das „Unkraut" wächst immer wieder nach. Die Resignation des „Polizisten" Cromwell ist die Voraussicht des Beobachters Hobbes. Die Kinesis bleibt unlösbar. Allein ein bedingungsloser Naturalismus kann helfen, die Reduktion aller Fragen nach Recht und Gerechtigkeit, nach Gott und Rettung auf das Elementare des Körperdaseins, auf die Frage nach Leben und Tod. Aus der kinetischen Spirale von Töten und Getötetwerden wächst die Todesangst als das Rettende. Es ist der „sterbliche Gott" der rettet, nicht der „unsterbliche Gott", d. h. es ist die Herrschaft, die es vermag, der Zehnte Mann in Waffen zu sein, der alle anderen daran hindert, sich gegenseitig umzubringen. Damit ist die überkommene Trennung von Sterblichem und Unsterblichem im Phänomen der Herrschaft bzw. des „Staates" abgetan, eben die Unterscheidung von Menschen, welche Herrschaft ausüben, und Herrschaft als Institution, die Recht, Frieden, Ordnung sichert. Herrschaft, das sind jetzt nur noch die sie ausübenden Menschen: Es gibt keine „zwei Körper des Königs" mehr, nur noch einen, den physischen. Wie Cromwell es ausdrückt: Die Sieger im Bürgerkrieg schlagen dem König den Kopf ab, „mit der Krone darauf". Sie vollenden jenes semantische Zerstörungswerk, das jeder Kinesis vorangeht und das dazu führt, dass keiner mehr weiß,

„welches Recht irgendjemand hat, ihm zu befehlen". Das ist der Zustand des „Behemoth", wie Hobbes ihn nennt, des Ausnahmezustands, in dem die Gewalt die Sprache verdrängt. Im „Leviathan" stellt er ihm symbolisch ein anderes biblisches Ungeheuer gegenüber, eines, in dem die Begriffe klar machen, wer zu befehlen, wer zu gehorchen hat. Im Staat, „Leviathan", herrscht Friede, weil die Begriffe eindeutig sind, im Ausnahmezustand bzw. Bürgerkrieg, „Behemoth", herrscht Krieg, weil die Begriffe mehrdeutig geworden sind, weil man sie zerredet hat. Religion ist dazu da, die Eindeutigkeit der Begriffe zu wahren, die Kommunikation zu schließen, frühzeitig, ehe alles zerredet, ins Beliebige gezogen worden ist. Deshalb braucht man noch Gott, Götter, Tempel, Kirchen. Die Hobbessche Konsequenz aus der Erfahrung des Cromwell ist so verschieden nicht von der des Platon aus der Erfahrung des Thukydides. Am Ende steht die „Diktatur der Wächter" in der „gereinigten Stadt", doch im Vorwissen, dass sich auch die Wächter korrumpieren werden, auch die gereinigte Stadt ihre Reinheit verlieren wird. Dazwischen ist die Herrschaft über das Bewusstsein und die Abwehr jener, welche die Eindeutigkeit der Begriffe verwirren können: die „Dichter" bei Platon, „ehrgeizige Geistliche" bei Hobbes.

Jede radikale Lösung verfehlt ihr Ziel: das gilt für das Denken ebenso wie für das Handeln. So wenig Platons Politeia in Syracus Wirklichkeit werden konnte, so wenig wurde Hobbes' Leviathan englische Wirklichkeit. Der Friede kam nicht von oben, vom „Staat", sondern von der „Gesellschaft" und ihren ineinander greifenden Momenten der Kommunikation, Repräsentation, des Eigentums, der Freiheit. Die Kommunikation, vordem als Ursprung der Kinesis diagnostiziert, wurde zum Medium ihrer Vermeidung. Die Gesellschaft der Eigentümer setzte das Geld gegen das Schwert, die Zahlungsfähigkeit gegen die Gewaltfähigkeit. Das Absolute war verschwunden, weil seine Träger: Kirche, Herrschaft, durch Cromwell unwiederbringlich beschädigt worden waren, doch eben nicht zerstört. Die Restaurationen (1660, 1688) brachten etwas Relatives zurück, nichts Absolutes. Der Millenarismus musste sich nun anderswo entzünden, denn nur, wo Absolutes zu fordern war, zeigte sich der Feind in jener Eindeutigkeit des Bösen, dem allein mit Vernichtung zu begegnen war. Die Gewalt ist nicht länger bloß eine Kraft in der Geschichte. Sie gilt jetzt als Kraft, die Geschichte zu überwinden. Der Satz, dass der König nur einen Körper hat, wird hier zur Möglichkeit der Utopie als Möglichkeit, durch die physische

Eliminierung der Herrschenden in den „ganz anderen Zustand", in die Nachgeschichte überzuwechseln. Das Politische stürzt aus einem Zustand kommunikativer Vermittlung in einen der „Entscheidung", es wird erneut so situativ wie militärisches Handeln. Diese Bestimmung des Politischen als eines Kampfzustandes ist prägend geworden für jene Moderne, die von der Französischen Revolution herkommt. Es ist ein Denken von der Revolution aus oder von der Konterrevolution, mit W.I. Lenin (1870–1924) und Carl Schmitt (1888–1985) als repräsentativen Gestalten. Mit der Revolution war die Politik vom „Geheimnis" der Herrschenden zur „Öffentlichkeit" geworden, an der jeder teilnehmen konnte. Das war das Gegenteil eines absolutistischen Politikverständnisses, das Entscheidungen wollte, keine schier endlosen Diskussionen. Solange der Friedensbezug in der Gesellschaft stabil blieb, d. h. die Herrschaft überlegen gewaltfähig und überlegen moralfähig, solange blieb der Absolutismus eine Randerscheinung. Das menschliche Streben nach Sicherheit beruhigte sich im Sicherheitsgefüge der politisch geordneten Gesellschaft. Verlor diese jedoch an Autorität, drohte der Zerfall. Die Gewaltfrage stellte sich und in ihrem Schatten wurde aus den Gegensätzen von Parteiungen, mehreren, der Dualismus von Freund-Feind. Es ist das Politische, vom Ausnahmezustand her aufgefasst, vom Situativen der Entscheidung, und dieser Zustand dauert an, auch danach, wenn klar geworden ist, wer über den Ausnahmezustand entscheidet, d. h. die Herrschaft ausübt. Es gibt hier nur die Diktatur, ausgeübt von den Nachfahren der „Heiligen", den Kämpfern des Islamischen Staates oder der Partei „neuen Typs", ausgeübt im Namen einer zu rettenden Masse, als Gemeinschaft der Gläubigen, als Nation, Klasse, Rasse. Die Revolution bringt das Theologische in das Politische zurück und zerstört es. Wenn der Feind zum Bösen wird, radikalisiert sich die Feindschaft von einem politischen Kampfverhältnis zu einem existentiellen Zustand: Mit dem Bösen kann man nicht verhandeln, es befindet sich jenseits aller Kommunikation. Eine sehr alte Vorstellung erneuert sich, die einer negativen Eschatologie. In ihr bedingen sich Erlösung und Vernichtung, denn erst die Apokalypse lässt Eschatologie als Rettung möglich werden, Rettung für jene, die – auserwählt – übriggeblieben sind. Die Zukunft wird zur Entsorgung der Gegenwart, weil alles Handeln, Dasein nur von ihr her Bedeutung erhält. Das Politische löst sich in Dualismus auf, in welchem alle „Neutralisierungen" verschwinden, aus denen die Normalität des sozialen Daseins besteht, und das Reden in „Grauzonen" dem Feldgeschrei weicht. Der Partisan tritt hervor, diese Mythosgestalt der Kinesis in der Moderne. Er ist „Parteigänger", bedingungslos, denn keine der Bedingungen einer „politischen" Ordnung verpflichten ihn: weder die geltende Moral (denn er besitzt seine eigene, aus dem Sieg in der Zukunft abgeleitete), noch die Legitimität des staatlichen Gewaltmonopols. Der Partisan definiert sich durch die Irreversibilität seiner Entscheidung: Er kann nicht mehr zurück, er kann nur noch vorwärts. Er ist ein Handelnder jenseits des Rubicons. Der Partisan ist ein Bewußtseinszustand, weil er eine millenarische Entscheidung trifft, eine Entscheidung für die nächsten 1000 Jahre. In Zeiten der Kinesis kollabiert Zukunft zu Überleben: für die große Mehrheit der Menschen. Doch für die Minderheit der Erwählten, Wissenden explodiert Zukunft zu Rettung. Die Handlungswucht des Partisanen, des bewaffneten Propheten wächst aus dieser futuristischen Bedingungslosigkeit. Lenin ist seine Inkarnation für das 20. Jahrhundert. Alles andere sind nur Reaktionen. Stalin fasst dann zusammen (1945): Ein Land, das keine Regierung besitzt, weil es keine Armee mehr hat, ist nicht mehr vorhanden. Wo aber nichts mehr vorhanden ist, ist auch kein Recht mehr vorhanden. Es gibt nur noch Körper, den Menschen als Naturalie und die Gewalt – derer, die sie haben. Es ist das ewige Wort des Thukydides, erinnert von Stalin, abgenickt durch die Weisen von Potsdam. Das Denken über die Kinesis ist so erbarmungslos wie diese selbst: Wer das eine nicht erträgt, wird das andere zu ertragen haben.

4.3 Summe

Die Wirklichkeit einer Gesellschaft ist das Verhältnis, in welchem Gewalt, Arbeit, Sprache zueinander stehen, d. h. die Art und Weise, in der sie ihren Zweck gestaltet, nämlich Sicherheit zu realisieren (oder in Unsicherheit, Kinesis kollabiert). Die Interpretation dieses Verhältnisses behauptet einen „Sinn", d. h. etwas Geistiges, das die Lebenswirklichkeiten der Angehörigen einer Gesellschaft übergreift und damit einer Dimension von Zeit zugehört, die alle Kurzzeiten übergreift. Diesem „Sinn" liegt eine bestimmte Deutung des Menschen zugrunde, von der sich die Begründung der jeweils geltenden Normen herleitet. Naturales, absolutes, dialektisches Motiv finden sich mit unterschiedlicher Gewichtung in solchen Deutungen wieder. Im Zusammenhang der europäischen Zivilisation ist es dann die Verbindung von

Arbeit und Freiheit hin zur Gesellschaft, von Arbeit und Energie hin zur Natur, von welcher jene Transformation ausgegangen ist, die eine völlig neue Wirklichkeit herbeigeführt hat, ein Vorgang, der fortgeht und sich beschleunigt. Es war der Weg Europas, es ist zum Weg der Welt geworden, mit dem 20. Jahrhundert als Wendephase. Geistig ist es eine Linie, in der sich seit dem 18. Jahrhundert Freiheit und Materialismus verbinden. Ein neues Menschenbild formte sich aus. Die Freiheit materialisierte sich in einem Menschen, der pathetisch von seiner Physis her aufgefasst wurde und pathetisch von seiner durch Technik machtvoll gewordenen Arbeit. Die überkommene Leid-Bezogenheit des Körpers verschwand, symbolisiert im Leib Christi, realisiert im Elend der Handarbeit. Die negative Anthropologie, wie sie über Jahrtausende hin die religiös geformte Selbsteinschätzung des Menschen bestimmt hat, weicht einer positiven, agnostischen, in deren Zentrum die Arbeit steht. Durch Arbeit stellt der Mensch her, was um ihn ist, selbst die Natur im „Anthropozän", vor allem aber, was er selbst ist. Diese herstellende Arbeit ist innovativ, nicht mehr repetitiv. Sie lässt das Vergangene immer weiter hinter sich, weil sie in immer kürzeren Abständen Neues hervorbringt. Der Millenarismus als Jetztzeit-Denken von einer definierten Zukunft her bedarf eines Gottes nicht länger, weil er sich als Arbeitsvorgang begreift. Ein derart technomorpher Millenarismus wird als „Ideologie" zur weltanschaulichen Interpretationsfigur der Moderne, gehemmt noch im 19. Jahrhundert durch die Fortwirkung der Tradition in Gesellschaft, Herrschaftsordnung, explodierend im Jahrhundert danach.

In der Antike war der Mensch als Körper der Sklave gewesen, dem der Mensch als politischer Bürger entgegenstand. Im Mittelalter war der Mensch als Körper das verdorbene Fleisch nach dem Sündenfall, dem die Seele entgegenstand, die sich herausstreckte aus diesem Kerker hin zu Gott. In der Moderne ist der Mensch ganz Körper, einer, der seine Gleichheit, seine Rechte daraus ableitet: Ich bin Körper, also bin ich. Der entscheidende Gedanke, dass der Mensch nicht als Mensch in die Welt kommt, sondern als ein Zugehöriger in eine Gemeinschaft – dieser Gedanke zerfällt, ein Vorgang, wie er für die materialistische Moderne prägend wird.

Die Französische Revolution eröffnet für Europa das neue politische Zeitalter der gleichen Körper. Sie wurde radikal, weil sie gegen Absolutismen antrat, der Herrschaft, der Religion, wie gegen eine erstarrte, sich abgrenzende Elite. Proklamiert wurde ein befreiter Mensch, der alle Rechte aus seinem Körper herleitete, weil er aus der bestehenden Gesellschaft keine Rechte abzuleiten vermochte. Der nackte Körper warf die Erbsünde von sich und zerbrach damit die Bewusstseinsmacht der Kirche. Er warf das Geburtsrecht von sich und zerbrach damit die Ansprüche des Adels. Die Gewalt minimierte sich auf nackte Körper, auf die Guillotine, auf Barrikaden, auf die Kanonen, die ein General schließlich auffahren ließ: Das Problem der Revolution ist nicht, dass die Herrschenden „an die Laterne" gehängt werden, sondern dass man danach die Henker nicht mehr los wird. Daher der Instinkt der Mehrheit, sich den Herrschenden zu fügen. Dennoch hat sich auch die Gewalt verändert. Sie muss sich rechtfertigen, aber nicht mehr durch wenige aristokratische Herrschende vor Gott, vielmehr durch Herrschende, gleich welche, vor den Massen. Die Gewalt ist demokratisch geworden, weil die Masse politisch geworden ist, weil weltanschaulich aus den Körpern die Rechte hervorgehen, weil militärisch die Masse von Körpern entscheidend wird im Krieg. Der Krieg, den Gott will, der Krieg, den der Fürst will – das ist vorbei. Es geht um den Krieg, „den das Volk will", und dazu muss man es erst bringen durch Zeigen des absoluten Feindes. Politiker, vom Volk gewählt, schicken das Volk in den Tod, in seinem Namen.

Die Industrielle Revolution eröffnet für Europa das neue wirtschaftliche Zeitalter. Industrie war Arbeit, machtvoll geworden durch Technik und eine Organisation, die ihr entsprach. Das Herstellen wurde organisiert, planbar gemacht. Technik definiert Ressourcen: deshalb ist die Definitionsmacht der modernen Technologie so gewaltig. Die Welt wird Materie, so wie der Mensch es selbst geworden ist. Daher kommt die politische Revolution von der Gewalt her. Die industrielle Revolution hingegen kommt von der Technik her. Ihre soziale Dynamik ist die des Wettbewerbs, nicht jene der Beseitigung des Widersachers. In der (friedlichen) Unsicherheit des Marktes erst werden Innovationen möglich, nicht in der Entropie der Gleichheit. Das Scheidemittel hier ist das Eigentum bzw. die Anerkennung der menschlichen Leidenschaften für den Erwerb von Profit und Prestige. Die Gleichheit bleibt hier eine der freien Körper, ihrer ungehemmten Mobilität, ihrer freien Arbeit. Eine millenarische Verheißung gibt es nicht, schon weil sie in einer Gesellschaft der freien Kommunikation „zerredet" wird. Dieser mit dem Markt einhergehende kommunikative Effekt führt politisch zum Arbeiterschutz, sozial zur Selbstorganisation der Arbeiter in Hilfsvereinen, Gewerkschaften.

Neben der sozialistischen und der liberalen Ableitung vom nackten Menschen gibt es noch eine weitere, die rassische. Sie reicht in die französische Auseinandersetzung zwischen Volk und Aristokratie zurück, gewinnt jedoch erst mit dem Sozialdarwinismus an ideologischer Kraft, vor allem, als sich dieser mit dem Antisemitismus zu verbinden begann. Von den drei Varianten des Weltanschauungsbezugs auf den nackten Körper ist dieser der radikalste, weil vollkommen biologisierte. In der nun biologischen Jetztzeit treffen als Feinde zwei „Rassen" aufeinander, von denen eine die millenarische Transformation durchzuführen hat. Der Köperbezug der Gesellschaft wird hier zum Bezug der Gesellschaft auf den „Volkskörper", d. h. die Gesellschaft ist nichts Soziales mehr, sondern etwas Biologisches, mit der Vorstellung von Gesundheit und Krankheit nicht mehr metaphorisch, vielmehr identifikatorisch übertragen von der Physis einzelner Menschen auf ein Kollektiv von Menschen. Der rassische Körperbezug ist so modern wie der sozialistische oder liberale, denn auch er begreift den Menschen vom Körper, den Körper von der Arbeit her. Der Körper leistet Arbeit, aber er soll ebenfalls durch Arbeit reproduziert bzw. durch „technische" Eingriffe optimiert werden, etwa durch Anwendung des biologischen Planungswissens auf den Menschen als „Eugenik". Wie im Sozialismus verliert der Einzelne das Eigentum an seinem Körper: Der „Große Bruder" übernimmt es im Namen eines „Ganzen", in dem Einzelne nur quantitativ vorkommen. Das Eigentum ist die Schranke des Totalitären: Deshalb dieser Hass. Seine Bedingungen sind der Besitz des eigenen Körpers bzw. der eigenen Arbeitsfähigkeit, die Beschränkung des Eigentums nur durch Zustimmung der Eigentümer, der freie Erwerb von Eigentum, das Heimatrecht als Eigentum aller Bewohner eines Gebietes. Der Eigentumszustand ist der des Liberalismus, seine Negation ist der Ausnahmezustand von Sozialismus und Rassismus. In den Zuständen der Kinesis löst sich die Eigentumsgrenze auf, weil bereits das Ersteigentum am eigenen Körper geleugnet wird, durch die Verpflichtung zum Militärdienst sowie durch direkte Lebensvernichtung. Dabei lässt sich durchaus ein zweiter kinetischer Zustand neben dem der kriegerischen Gewalt erkennen, eben jener des Terrors. Die Eskalation der Gewalt hin zum Terror hat eine tiefe Wurzel: die Moral, und das zweifach. Der Terror zielt auf die Zerstörung der Moral bei denen, die bekämpft werden, und er zielt auf die Hebung der Moral bei jenen, die sie bekämpfen. Der Terror minimiert den Anderen zum schieren Körper, zum materiellen Objekt, das weggeräumt wird. Terror erscheint hier als Tätigkeit der „Reinigung", durchgeführt von den „Reinen", d. h. denen, die in der psychischen Bewußtlosigkeit des Absoluten leben. (Dass – in diesem Zusammenhang – mit dem Islamismus die Religion in die Gewalt zurückkehrt, ist insofern erklärbar, als der islamische Zivilisationskreis von den materialistischen Ideologemen der Moderne – wie dem sie gründenden industriellen Technizismus – nur oberflächlich berührt worden ist.)

Die Menschheit wurde gerettet und sie überlebte es. Die Option auf die technische Absolutheit als Vernichtung: die Atombombe, wurde nur einmal gewählt, vielleicht auch, weil keine andere Nation von ihrer moralischen Absolutheit so überzeugt gewesen ist. An der Wende zum 21. Jahrhundert entstehen neue technische Optionen, die mit Informatik zu tun haben, Cyberwar, Cyberspace, Cyberprism und auch hier gehen technische und moralische Absolutheit voran. Die Dominanz der Technik wird nur noch sichtbarer. Die Medialisierung der Kommunikation wird universell, vom Alltagsreden in sozialen Netzwerken bis zum planetarischen Datenverkehr. Die Fortschreibung des menschlichen Körpers im Konzept des Avatar ist technologische Überlegung geworden. Wirtschaft ist die Geschwindigkeit von Innovationen und der durch sie verursachten „schöpferischen Zerstörung". Der Güter-Effekt der Technologie übertrifft ihren Vernichtungs-Effekt. Das ist die Geschichte des 20. Jahrhunderts: Die Hoffnung des einundzwanzigsten ist es, dass es so bleibt.

.

5 Minima historia

5.1 Anamnesis

Dass die Menschen „Geschichte" haben hat damit zu tun, dass jeder eine Geschichte hat. Er weiß, wer er ist, sofern er sich erzählen kann. Die Erinnerung nennt das Besondere vor dem Allgemeinen, also das, was „Ich" ist vor dem, was „die Anderen" waren. Wir erinnern, indem wir deuten und das einzige, was zu fordern wäre ist, nicht zu lügen. Für die historische Erkenntnis bedeutet dies, dass die Erfahrungen der eigenen kleinen Geschichte Fragen inspirieren, provozieren, die an die große Geschichte der Anderen gerichtet werden. Im Erzählen der eigenen Geschichte realisiert ein Mensch seine Geschichtlichkeit als Möglichkeit wie Begrenztheit. Über die eigene Geschichte nachzudenken heißt, sich über die Möglichkeit und Begrenztheit des eigenen Fragens klar zu werden: Man muss den Mut haben, anzufangen. Man muss den Mut haben, aufzuhören. Das ist alles.

1 – Eine frühe Erinnerung, um 1952. Soldaten auf braunen Lastwagen, die Kaugummis herunterwarfen. Kinder rannten ihnen nach und lasen sie von der Straße auf. Ich rannte nie und verabscheue Kaugummis bis zum heutigen Tag. Aber ich verstand: Die Soldaten waren mächtig, sie saßen auf den Lastwagen und die Kinder bettelten sie an, die Erwachsenen jedoch schienen voller Furcht. Ich begriff, dass da Herren waren und dass wir nicht dazugehörten. Und ich begriff, dass das mit Gewalt zu tun hatte, dass die Soldaten „Gewalt" waren, auf ihren Lastwagen, mit ihren Gewehren, und dass alle, die auf der Straße standen, machtlos blieben. Ein anderes: Ein Freund wohnte „im Lager". Es lag am Rande der damals noch kleinen Stadt, es war ein längerer Fußmarsch. Vermutlich habe ich ihn deshalb nur selten besucht. Er wohnte mit seinen Eltern in einer Baracke. Es gab dort mehrere solcher Baracken und es ging eine Mauer herum mit Türmen. Die Leute dort hießen „Vertriebene" und sie kamen aus unbekannten Ländern wie „Sudetenland" oder „Schlesien". Ich machte mir keine Gedanken über ihre Herkunft oder den Ort, an dem sie wohnten. Später, als das Lager sich leerte, die Leute von dort in richtige Häuser zogen und man daraus eine Gedenkstätte machte, erfuhr ich, dass es eigentlich „Konzentrationslager" hieß und keineswegs für Vertriebene errichtet worden war.

2 – Manchmal ist mir, als hörte ich diese Stimmen noch heute, wie damals, als ich die angstvollen Gesichter der Eltern sah, wie sie vor dem Rundfunkgerät saßen, aus dem diese Stimmen kamen, ein etwas merkwürdiges Deutsch, in dem um Hilfe gerufen wurde (Ungarnaufstand 1956). Die Mutter sagte, es werde doch keinen Krieg geben, der Vater schwieg. Ich spürte die Angst und verstand doch nicht, warum man den Hilferufenden nicht helfen konnte. In mir wuchs eine tiefe Wut auf jene, die Panzer fahren ließen, eine tiefe Achtung für jene, die sich wehrten. Es gab kaum Bilder, nur wenige Worte, aber ich sog alles in mich hinein und als es im Radio still wurde, hatte ich das Gefühl einer tiefen Verzweiflung. Es war kein Denken, nur der Eindruck von Ohnmacht vor der Gewalt, der mich nie mehr verlassen hat.

3 – In dem Haus, in welchem ich aufwuchs, kamen alle aus fremden Ländern, weil die Wohnungen für „Vertriebene" beschlagnahmt worden waren. Dieses Wort konnte ich erst allmählich verstehen, doch dann hat es einen immer tieferen Eindruck auf mich gemacht. Eine alte Frau, uralt erschien sie mir damals, wurde mir besonders vertraut, weil sie mir Märchen vorlas aus einem Buch mit vielen Bildern, schönen, das „Grimms Märchen" hieß und einen roten Einband hatte. Meine Mutter, halbblind und als Bierverkäuferin und Putzfrau vielfach beschäftigt, besaß dazu kaum Zeit und kaum Augenlicht. Die alte Frau besaß Zeit und Geduld und zuweilen erzählte sie von ihrer Heimat, einem Land „Ostpreussen", sprach von Orten wie Königsberg, Nehrung, masurischen Seen. Ostpreussen wurde mir so zu einem Märchenland wie jene merkwürdigen Länder aus dem Märchenbuch mit Froschkönigen, gestiefelten Katern und verwunschenen Prinzessinnen. Später war ich oft mit einem anderen Hausbewohner zusammen, der bei der Post arbeitete, manchmal mit mir bastelte oder mich zum Baden mitnahm. Er kam aus einem „Sudentenland", sprach wenig darüber, hie und da doch. Er war „ein alter Sozi", wie er von sich selbst sagte und im KZ gewesen. Bei der Vertreibung der Deutschen hatten ihm Milizionäre angeboten, Koffer mitzunehmen, die sie zuvor „reichen Deutschen" abgenommen hatten. Noch heute höre ich die Empörung in seiner Stimme, als er das erwähnte. Zuweilen trank er etwas mehr als ihm guttat und seine Frau schickte mich dann in das Gasthaus, um ihn zu holen. Er ging immer friedlich mit. Für das Kind war „Vertreibung" etwas, das geistig unfassbar blieb und gleichwohl

erschreckte. Für den Erwachsenen ist es zum ersten Satz der Willkür geworden, aus dem alle anderen folgen.

4 – Jahre später war ich wieder „im Lager", nun Gedenkstätte. Es war eine politische Tätigkeit, es ging um das, was seitdem „Vergangenheitsbewältigung" genannt wird. Es waren hauptsächlich Kommunisten da, frühere Häftlinge, Mitglieder von Antifa-Gruppen (1972). Mit ihnen zu reden war interessant, denn man konnte nicht mit ihnen reden. Sie wussten bereits alles, gaben es in einer bestimmten Abfolge von Worten wieder und erwarteten dieselben Abfolgen als Antwort. Das erstaunte mich. Einwände nahm man mit einer Art freundlicher Langeweile zur Nicht-Kenntnis. Meine Gespräche mit Zeugen Jehovas kamen mir in den Sinn. Ich verstand jetzt: Wer die Wahrheit kennt, kann sie nur noch verkünden. Darüber zu diskutieren vermag er nicht mehr. Noch eines: Ein früherer Häftling erzählte von seiner Schreckenszeit, den Schlägen, dem Hunger, den Verhören. Die Nazis. Da ich vorher Solschenizyn gelesen hatte, sprach ich das an. Er wurde ärgerlich. Das sei doch konterrevolutionär. Ich verstand: „Der Mensch" an sich war ohne Bedeutung. Es war „die Sache", die entschied.

5 – Noch ein Wort zu meiner „Lager-Zeit". Zuweilen versuchte ich Besucher der Gedenkstätte dazu zu bewegen, den Friedhof zu besuchen, der ein Stück außerhalb lag. Es war vergeblich. Ich mochte den Friedhof, an einer Anhöhe gelegen, mit großen Bäumen, die dunkle Schatten warfen und den weiten Feldern dahinter mit ihren Getreidehalmen, über die der Wind ging. Der Friedhof war damals allerdings schon weitgehend leer. Verschiedene Staaten hatten ihre Toten heim ins Vaterland geholt, die Gräber ausgegraben. Und doch war es ein besonderer Ort, sehr still, menschen- wie totenleer, mit diesen wandernden Schatten und diesem ungeheuren Klang, wie ihn der Wind macht. Des Öfteren fuhr ich mit dem Fahrrad dorthin, saß auf der Mauer und wurde in einer eigentümlichen Weise still. Es war ein Ort der Geschichte von existentieller Tiefe, der keiner Rede bedurfte. Eine Vorstellung begann sich in mir festzusetzen: In der Stille wird eine Wahrheit fassbar, in welcher die Existenz des Menschen gründet, in ihrer ganzen Gewalt, ihrer ganzen Liebe, ihrer ganzen Vergänglichkeit.

6 – Die soziale Geringschätzung durch „die Besseren" ist mir früh bewusst geworden. Meinen Eltern war das nicht anstößig. Sie wussten, wohin sie gehörten, eben zu jenen, die mit den Händen arbeiteten, und es schien ihnen selbstverständlich. Sie waren, was sie waren und wollten nicht mehr

sein. Ich erinnere mich, wie im Rundfunk umgeschaltet wurde, wenn es klassische Musik gab. Das war „nichts für uns". Es war zu schwer, im Unterschied zu Operette oder Volksmusik. Ein derart Schweres konnten nur „Gebildete" verstehen, Personen wie der Lehrer, der Arzt, der Notar, die in der Nähe ihre Häuser hatten und die, wir wussten es, mit unsergleichen nichts zu tun haben wollten. Später bemerkte ich, dass auch für sie dieses „Schwere" zu schwer war, dass ihre Bildung in der Aura von Zertifikaten bestand, die sie erworben hatten, wie sie geistig leer blieben, doch sehr darauf bedacht, ihre Tochter nicht mit dem Sohn des Schlossers gemeinsam spielen zu lassen. Gelernt habe ich daraus, dass die soziale Hierarchie vor allem Prätention ist, ein Als-Ob, das nur von wenigen eingelöst werden kann, weshalb sie sich so sehr an ihre Zertifikate klammern: Sie tragen des Kaisers neue Kleider und diese sind in unseren dienenden Blicken, mit denen wir ihre Nacktheit bedecken.

7 – Schule: Eigentlich die schlimmste Zeit, die ich erlebt habe. Lehrer, die noch das Züchtigungsrecht besaßen, das eher demütigend als schmerzvoll war und eben deshalb umso schmerzlicher, Lehrer, welche ihre Schüler wie Feinde behandelten, die nur durch Furcht zu beherrschen waren. Ein Lehrer (7. und 8. Volksschulklasse) betrat des öfteren das Klassenzimmer mit einem laut gerufenen: „Nun lasset alle Hoffnung fahren, die ihr hier eintretet!" Erst viel später hörte ich, dies sei ein Zitat aus Dante und markiere den Eintritt in die Hölle, doch die tiefe Verachtung des Gebildeten spürte ich bereits damals. Er sammelte Käfer, und Schüler, die sich beliebt machen wollten, brachten ihm welche, die er zwar alle bereits kannte, doch als dienende Gabe entgegennahm. Ich habe nie Käfer gebracht. Jahre später, als ich mich extern auf die Reifeprüfung vorbereitete, bat ich einen anderen Lehrer, gelegentlich einen Aufsatz durchzusehen und mit mir darüber zu sprechen. Ich stand vor seiner Tür und er machte sie vor mir wortlos zu. Ich fasste einen Entschluss: Sollte ich selbst je Lehrer werden, jeder würde meine Achtung beanspruchen können und jeder meine Zeit.

8 – Der erste Tag in der Schlosserei, als 14-jähriger Lehrling (1960), der Lärm, der Schmutz, diese riesenhafte Müdigkeit, das Abwaschen nach der Arbeit in einem Blecheimer, das Tragen, Heben, Bearbeiten von Eisen. Dann, Jahr für Jahr, Bohren, Feilen, Sägen, Schweißen, Schmieden, das harte Metall und der Wille, der sich ihm mit Werkzeugen aufzwang. Zu sehen, wie aus Stangen, Blechen das wurde, was auf Papier als Plan aufgezeichnet

worden war, beeindruckte mich. Gesprochen wurde kaum, die Hierarchie war strikt. Geholfen wurde wenig und was man lernte, lernte man aus Fehlern, die man am besten vertuschte. Solidarität gab es keine, Feindschaft auch nicht. Ich verstand: Wichtig ist, dass man keinen braucht und von keinem gebraucht wird, denn jeder hat sein Stück Arbeit und will damit fertig werden. Wenn Mittagspause war, ging ich öfters aus der Werkstatt fort, um die Ecke, wo ein Buchladen war, meist mit einem jungen Verkäufer, der sich als Student etwas Geld hinzuverdiente. Ich kramte gerne in den Kisten, die vor dem Laden standen, mit gebrauchten Billigbüchern, nahm zuweilen eines und redete mit dem Studenten, während ich zahlte. Er lebte in einer anderen Welt und ich wollte dazugehören. In die Abendschule ging ich gerne, auch wenn ich mir schwertat. Keiner interessierte sich für den Anderen, jeder wollte fertig werden, wie in der Werkstatt. In Erinnerung geblieben ist mir die Dunkelheit, das Neonlicht in den Gängen, Räumen, auf den Straßen: Die Dunkelheit ist der Weg zum Leben, nicht das Licht. Seitdem liebe ich die Nacht und das Glück unter der Lampe.

9 – Als Soldat blieb mir das Schreiende, Kommandierende, Strammstehende stets suspekt (1964). Ich begriff seine stückweise Notwendigkeit und konnte mich doch nicht überzeugen. Das aus solcher Einstellung abgeleitete Heldenhafte erschien mir sinnlos. Als Klugheit galt mir das Indirekte, als Dummheit das direkte Anrennen. In Erinnerung geblieben ist mir die anbrüllende Vernichtung – vor meinen Soldaten – durch einen Vorgesetzten, als ich meine Männer, entsprechend meiner Einschätzung von örtlicher Gegebenheit und gegebener Feindlage, anders positionierte als er es mir vorher auf der Karte befohlen hatte. Mir ging es um die beste Ausführung des Auftrags, ihm um die strikte Ausführung des Befehls. Jahre später las ich in Texten Mao Tse-tungs über den Guerilla-Kampf und fand eine Geistesverwandtschaft: Der wird siegen, der klug genug ist, zu überleben. Das Prinzip des Partisanen ist für die Gewalt dasselbe wie jenes der Satire für die Sprache: Sie duckt sich, doch nicht in Demut, sondern im Widerstand. Noch eine Erfahrung, die nachgewirkt hat: Der Kompanieoffizier hatte den Auftrag, mit der Einheit die „Formalausbildung" durchzuführen. Also marschierten wir zum Exerzierplatz und er begann Befehle zu geben, doch in der falschen Abfolge. Die Reihen fielen ineinander, die Soldaten stießen sich mit den Füßen. Unmut machte sich breit, Gemurmel. Nun ließ der Leutnant die Kompanie halten, die Unteroffiziere wegtreten (darunter auch

mich), um dann den Mannschaften zu befehlen, über den Platz zu rennen. Zur Strafe. Wofür? Weil er selbst unfähig blieb, die richtigen Kommandos zu geben. Und jetzt das Ungeheuerliche: Keiner bewegte sich. Die Kompanie stand, der Offizier rief, schrie. Die Kompanie regte sich nicht. Der Mechanismus des Gehorsams, unabdingbar für das Funktionieren allen Militärischen, war wirkungslos geworden. In diesem Augenblick kam der Stabsunteroffizier G. vorbei, zufällig. Er erfasste die Situation, salutierte vor dem Offizier, bat, ihm den Befehl zu übertragen, was der Verzweifelte sofort tat. Man muss wissen: Wenn es in unserer Einheit jemand gab, der das Vertrauen und die Achtung der Soldaten genoss, dann war es G. Und auf sein Kommando rannten sie über den Platz, traten in Reih und Glied an, worauf G. dem Leutnant die Befehlsgewalt salutierend zurückgab und weiterging. Stumpf tappten wir in die Kaserne zurück. Ich versuchte zu verstehen und verstand: Ohne Autorität, ohne Anerkennung bestimmter Regeln und deren institutioneller Repräsentation durch bestimmte Personen kann es keine soziale Ordnung geben. Aber es gibt zugleich eine Autorität, wie sie in Menschen selbst gründet, welche diese buchstäblich für andere „verkörpern", als Personen, nicht als Masken von Institutionen. Wehe der institutionellen Autorität, die nur noch von Masken vertreten wird.

10 – An der Universität wurde geredet, unentwegt, zuweilen auch demonstriert, besetzt, gestört. Doch im Unterschied zu den Kommunisten, die bereits einen Staat besaßen, im Osten, und institutionell dachten, besaßen die linken Aktivisten keinen Staat und wollten auch keinen haben, sagten sie zumindest. Alles, was sie einschränkte, sollte verschwinden. Da sie ihr selbst angehörten, wurde die „Bourgeoisie" zum Liquidationsbegriff, mit dem sie ihre Eltern meinten, und das „Proletariat" zum Heilswort, weil sie keine Vorstellung von Arbeit hatten und auch kein Bedürfnis danach. Wo die Kommunisten letztlich bei den Panzern ihren Hebelpunkt fanden, produzierten die Aktivisten Ideologeme aus Sprechstücken von Marcuse, Freud, Marx und Reich, unter den Traumgesichtern des Che Guevara und Ho Tschi Min. Als durchaus bemühtem Leser von Marx und Freud, Korsch, Lukacs, Horkheimer etc. verwunderte es mich, dass mein daraus hervorgehendes Diskutierbedürfnis auf Unverständnis stieß, sich in mir der Eindruck verstärkte, kaum jemand habe gelesen, worauf er sich berief. Eine Art von hypnotischem Effekt stellte sich ein, erzeugt durch die ständige Beobachtung eines jeden durch jeden in der Gruppe und die ständige Wiederholung der

gleichen Redewendungen, die sich im Bewußtsein als Wirklichkeit festsetzten. Es dauerte, ehe ich zu verstehen begann: Es ging nicht um „Philologie", sondern um „Revolution", um das psychische Unwohlsein einiger Privilegierter, welche ihre eigene Sprachlosigkeit in einer Art Sprechmaschine zu verbergen suchten, die fortwährend Autoritätsphrasen produzierte und die dann explodierte, wenn man diese Autoritäten tatsächlich gelesen hatte (1969–70). Ich erinnerte mich: an die gedrängt-vollen Säle, die Einheitsrede, mit der eine ganze Gesellschaft, wenn nicht die ganze Welt beurteilt, verurteilt, richtiggestellt wurde und an die Wut bis hin zur körperlichen Bedrohung, wenn man eine Gegenrede versuchte. Es war wie bei den Soldaten, die sie doch so sehr verabscheuten: Der Feind war definiert und er musste vernichtet werden. Aber ich konnte dennoch lernen: Die Herrschaft, die sie überall wirksam sahen, gibt es tatsächlich und sie ist am machtvollsten da, wo ihre Abwesenheit proklamiert wird.

11 – In den Ersten Arbeiter- und Bauernstaat auf deutschem Boden einzureisen war schwierig. Er schützte sich vor den Anderen durch eine Grenzbefestigung aus Zäunen, Mauern, Wachtürmen und Minenstreifen, die er antifaschistisch nannte, weil er jeden seiner Staatsangehörigen mit dem Abschuss bedrohte, sollte er aus Bösartigkeit diesen Staat verlassen wollen. Gegen Barzahlung durfte man allerdings in diesen Staat einreisen mit der beruhigenden Gewissheit, ihn auch wieder verlassen zu können. Ohne Entrichtung eines Geldbetrages konnte man in gewissen Fällen ebenso einreisen, sofern man für propagandatauglich gehalten wurde. Da ich neugierig war, gleichwohl kaum über Geld verfügte, war das eine Option. Auf diese Weise also kam ich nach Gera (1972), an Wachtürmen, Mauern, Soldaten vorbei, die in mir das Gefühl entstehen ließen, in eine Sphäre der Willkür einzutreten, des Ausgeliefertseins an eine Gewalt, die allein durch Unterordnung in Erwartbarkeit, relative Sicherheit umzuwandeln war. In Gera wurde unser „Kollektiv" aus Studenten von Funktionären der Partei in Empfang genommen und in die Errungenschaften des real existierenden Sozialismus eingeführt. Nebenbei machte ich die Bekanntschaft eines etwa gleichaltrigen Mannes, der mich für den Abend zu sich einlud: Ein altes, schon etwas verfallenes Haus, er wohnte unter dem Dach und sagte mir nach einem Bier, ich solle in die Dachrinne urinieren, da die Toilette im Stockwerk darunter sei. Das verwirrte mich, doch meine Verwirrung steigerte sich noch, als er mit einer Heftigkeit marxistischer

Rhetorik über mich herzufallen begann, die mich sprachlos machte. Ich hatte schon mit vielen Marxisten diskutiert, soweit das möglich schien, doch diese Rede war etwas Neues für mich. Satz für Satz hakte sich ineinander, keine Argumente, sondern Behauptungen, die sich jedem Einwand verweigerten. Ich schwieg schließlich und bewunderte die Fließgeschwindigkeit der Rede, die nie stolperte, bis er plötzlich schwieg. Als ich ihn anblickte begann er zu lachen und erneut zu reden, heftig. Aber was er jetzt sagte war das Gegenteil dessen, was er vorher gesagt hatte. Keine Preisung des Sozialismus, vielmehr Verachtung, Hass. Ich begriff nichts mehr, bis er sich schließlich beruhigte und mir dann seine Geschichte erzählte: Er hatte versucht, die DDR zu verlassen, war frühzeitig gefasst worden, verurteilt, umerzogen, seit einiger Zeit entlassen. Er arbeitete bei der Stadtreinigung, der Traum eines Studiums war ausgeträumt. Noch ein Bier und alles versank in Gleichgültigkeit. Es war spät geworden, ich ging zurück zu meinem Bett, von der Partei bezahlt, und versuchte zu verstehen. Es fiel mir schwer, denn bis dahin hatte ich gedacht, dass die Worte eine Überzeugung transportieren, wie richtig oder falsch diese mir auch gelten mochte. Und nun hatte mir jemand zwei völlig entgegengesetzte Überzeugungen vorgesprochen und ich hatte an keiner gezweifelt. Ich verstand, eher mühsam: In einer ideologisierten, totalitären Sprache gibt es keine Wahrheit, weil es keinen Dialog gibt, nur die Aneinanderreihung normierter Begriffe, die jeder wiederholen kann, der Gläubige wie ein Heuchler, der in ihr überlebt, wenn die Gläubigen an die Macht gekommen sind. Es war eine Erfahrung, die in mich eingebrochen ist, mehr als alle Mauern, Wachtürme und Soldaten zusammen.

12 – Eine andere Erfahrung und wie alle eindrücklichen Erfahrungen kurz und prägnant (1978). Noch in halber Nacht ging ich von meinem Hotel in Hamburg zum Bahnhof, um den Zug zurück nach London zu erreichen. Ein Wegstück führte hoch über der Straße an einem Zaun vorbei, der einen Park abschloss. Zwei junge Männer kamen mir entgegen und versperrten den Weg. Ich hätte die Böschung hinunter zur Straße steigen müssen, können, um auszuweichen. Ich ging weiter. Als ich vor ihnen stand, begannen sie auf mich einzuschlagen. Den Koffer fest umklammert, fiel ich zu Boden. Das befriedigte sie. Sie gingen lachend weiter. Ich stand auf, eilte zum Bahnhof. Erst im Zug spürte ich Schmerzen. Auf der Toilette sah ich Schürfwunden im Gesicht, ein verfärbtes Auge. Nach zwei, drei

Wochen war es vorbei. Ein Kollege sagte, ich sei nicht klug gewesen, hätte ausweichen sollen. Er hatte recht und doch: Es gibt die Klugheit und es gibt Anderes. Il faut resister la canaille.

13 – Am späten Winterabend ging ich von einer College Chapel durch die dunkle Stadt, voll eines Wunderbaren, das bis heute in mir nachklingt (1977). An einem Bleak Mid-Winter Day war die Sonne aufgegangen, in schönen Menschenstimmen, die von etwas sprachen, das unaussprechlich in mir war und plötzlich hörbar wurde. Stimmen waren da gewesen, die den ganzen Raum erfüllten, kein Instrument, nur der Klang ihres Rufens nach Gott, ein Klang, den die Stille schützte: Die Frage nach dem, was das Leben ist, wird „im letzten" zur Frage, ob da etwas sei, größer als das Leben. Man kann diese Frage vom Tod her stellen, von jener tiefen Erfahrung, wie sie sich einstellt, wenn man am Grab steht und hinunter blickt und eine Handvoll Erde auf das wirft, was einmal Leben gewesen ist, Mund, Auge, Umarmung. Man kann diese Frage aber auch vom Leben her stellen, von einer tiefen Erfahrung dessen, was unbegreiflich bleibt, einer geistigen Präsenz, die ein „Ich" nicht mehr nötig hat. Dieser Wahrnehmung Gestalt zu geben, in Klang, Wort, Bild, ist der elementare Antrieb von „Kultur" über alle Nützlichkeit hinaus. Keiner, der sich mit dem Menschen, seinem Denken in der Zeit: seiner Zeitverfallenheit, beschäftigt, vermag dieser Frage auszuweichen.

14 – Manchmal, wenn ich meine Studenten erschrecken wollte, machte ich ihnen das Angebot, eine beliebige Rede zu halten, also etwa für oder gegen die Sklaverei in den USA, für oder gegen die stalinistische Säuberung, für oder gegen die Französische Revolution, je nachdem, worüber wir im Seminar gerade handelten. Erschrecken wollte ich sie, wenn die Müdigkeit im Kleid der Einmütigkeit nahe schien. Indem ich dabei häufig Aussagen machte, von denen die Studenten wussten, dass ich sie ablehnte, forderte ich ihre Aufmerksamkeit heraus. Zeigen wollte ich damit, wie beliebig man sich der Sprache bedienen kann und dass die Lüge meist beredter wirkt als die Wahrheit: dieses große Schein-Geheimnis aller Demagogie. Am Ende versuchten wir gemeinsam, eine solche Rede zu zerlegen, das „Falsche" vom „Wahren" zu trennen, z. B. indem wir nach den unterschlagenen Informationen fragten oder nach den Konsequenzen, vor allem, wenn derlei Reden zum Handeln aufrufen sollte. Dabei war mir wichtiger, „Dialektik" anzuregen, weniger, einen Konsens zu erreichen. Was ich den Studenten

zeigen wollte, weil ich es selbst gelernt hatte: Es geht weniger darum, was die Worte bedeuten, vielmehr darum, wer sie jeweils sagt und was er damit bezwecken will.

15 – „Mobbing" ist ein neues, neudeutsches Wort, doch ein uraltes, wie ewiges Phänomen. Was die Hetzjagd auf der Straße, das ist das Mobbing in einer Institution. Beides ist erschreckend. Ich erinnere mich an ein Gespräch. Ein Kollege sprach über einen anderen, von dem alle bereits abgerückt waren. Ich zögerte, was er nicht verstand. Es könne doch unmöglich sein, dass ich eine solche Person unterstützen wolle. Meine unwillkürliche Reaktion war: Wenn jemand bereits am Boden liegt, werde ich ihm nicht auch noch einen Tritt versetzen, selbst wenn ich der Meinung sein sollte, er habe es verdient. Soviel an Moralischem machte mein Gegenüber sprachlos und mich hilflos. Ich wusste, wie sehr ihm daran gelegen war, stets die Moral, d. h. die richtige, zu vertreten, und nun war ich selbst plötzlich auf der richtigen Seite. Das war mir irgendwie peinlich. Warum eigentlich? Vielleicht, weil ich „die Wahrheit" eher auf der dunklen, inopportunen Seite der jeweils deklarierten Moral suchte, was mit meiner sozial gesehen „schief" gewachsenen Biografie zu tun haben mag, in der mir die Moral der Mächtigen immer als Ausdruck ihrer Arroganz erschienen ist.

16 – Dass die Geschichtsbilder Machtverhältnisse reproduzieren begriff ich früh. Ich verstand seine Unvermeidlichkeit und empfand dennoch Unwillen. Die exzessive Politisierung des Redens über Geschichte durch die Marxisten war dabei durchaus hilfreich, weil im Exzess ein Problem sichtbar wurde, eben die Frage, ob es eine historische Erkenntnis jenseits des Handelns geben könne. Das führte mich zur Beschäftigung mit der Geschichte der Geschichtsschreibung und der Wissenschaftstheorie. Ich bemerkte, dass die Geschichte fortwährend umgeschrieben wurde und dabei ein „dialektisches" und ein „opportunistisches" Moment ineinandergriffen. Dass die Historiker die Fragen einer sich gegenüber der Vergangenheit verändernden Gesellschaft aufnahmen, um sie an diese Vergangenheit zu stellen, empfand ich als Teil eines lebendigen Verhältnisses von Geschichtsschreibung und Gegenwart. Zu meiner Zeit, in den 1970er Jahren, waren das Fragen nach Arbeit und Arbeiterbewegung, nach der Rolle der Frau in früheren Epochen. Mit solch berechtigten Fragen gingen allerdings vielfache Dienstbarkeiten einher, denn die Fragen der Gesellschaft erklärten sich rasch zu moralischen Behauptungen. Sie gegenüber

der Vergangenheit zu exekutieren bedeutete, sich der Gegenwart gegenüber zu empfehlen und also jene auf sich aufmerksam zu machen, die in ihr machtvoll waren. Irritierender jedoch wurde die Beobachtung, dass bestimmte „Geschichten" möglichst vergessen werden sollten, weil sie die Pathosachse einer neu konzipierten Moralerzählung zu beschädigen schienen. Bei einer Veranstaltung der Friedrich-Ebert-Stiftung (1974) kam ich im Speiseraum neben einem älteren Herrn zu sitzen, der mir nach einigem Reden erzählte, auch er beschäftige sich mit Geschichte, mit der Arbeiterbewegung, und er setzte etwas zögernd hinzu: im deutschen Osten. Die Partei zeigte daran kein Interesse. Es waren die Jahre der „Ostpolitik" und gewisse Inhalte der Erinnerung schienen ungelegen. Dergleichen hörte ich des öfteren, bis hin zur Reduktion „deutscher Geschichte" nach 1945 auf die BRD: Ein Historiker, den die Mächtigen loben, muss etwas falsch gemacht haben.

17 – Eine Einladung bei einem Kollegen (1983). Mitglieder der Arbeitsgruppe, Professoren der Universität, ein Gast. Bevor es Häppchen gab und Wein, ein angeregtes Reden. Der polnische Gast erzählte von seinem Heimatort, von dem er später an die Universität in der Oderstadt umzog. Die Frau des Kollegen sagte einen Namen, einen deutschen, und der Pole bestätigte sie: Ja, so habe der Ort einmal geheißen, früher. Und freundlich: Dann seien sie ja eigentlich Landsleute. Die Frau, deutlich älter als er, zögerte: Als sie fortmußten, da habe im Ort noch das Licht gebrannt, das elektrische, in den Straßenlaternen, auch in vielen Häusern, und sie seien fortgegangen und sie hätte zurückgeblickt, das sei so unwirklich gewesen. Es sei so lange her, sie wäre noch ein Kind gewesen. Ja, es sei lange her, stimmte der polnische Professor zu, aber inzwischen habe sich vieles geändert, sei vieles neu gebaut worden. Er zählte auf, doch jetzt wurde zu den Häppchen gerufen. Alle gingen, die Frau blieb zurück, ich auch. Das Licht, sagte sie, und im Garten hätten die Blumen noch geblüht, doch es seien auch schon Blätter von den Bäumen gefallen. „Wo bleibst du?", rief ihr Mann und sie stand auf. Später, als ich aus dem Haus trat und den Weg zum Institut einschlug, spürte ich den Wind im Gesicht und blickte auf die Blätter, die von den Bäumen fielen. Ein tiefes Gefühl der Vergeblichkeit wuchs in mir, der Nichtigkeit dessen, was man „Geschichte" nennt: Wind, der Blätter über Gräber weht, sie zudeckt in unendlicher Müdigkeit.

18 – Das Wissen um meine nationale Zugehörigkeit erwarb ich erst im Ausland, in Frankreich etwa, als es am Ende eines Sprachkurses darum ging, eine Abschiedsveranstaltung zu organisieren (Dijon, 1979). Der Dozent, nachdem er mit den Studierenden aus anderen Ländern gesprochen hatte, wandte sich an uns (zwei) Deutsche und sagte, die Deutschen würden wohl einmarschieren und singen, und nun auf Deutsch: „Die Fahne hoch, die Reihen fest geschlossen". Ähnliches wiederholte sich, hatte sich wiederholt, sobald man länger blieb und in einem Moment der Wahrheit die Fassaden formaler Höflichkeit fielen. Meine englische Hauslady, bei der ich zeitweise wohnte, erzählte mir später, als wir Freunde geworden waren, von dem Schock, der sich bei ihr und ihrem Mann (einem Kriegsteilnehmer) einstellte, als sie gewahr wurden, dass sie einen Deutschen aufgenommen hatten. Ein andermal, in Bielefeld (1984), nach einem Vortrag über die Rolle der Mathematik in der Entwicklung der alliierten Waffentechnik während des Zweiten Weltkriegs, als es bei einem amerikanischen Teilnehmer herausbrach, damit seien doch Nazis vernichtet worden, was er mit dem Vorwurf moralischer Kälte an den Referenten verband. Alle stimmten zu. Ich schwieg und lernte, mich den geschlossenen Reihen zu entziehen, gleich unter welchen Fahnen sie dahinzogen. Und weiter: Man wird stets kollektiv in Verantwortung genommen. Schließlich: Die moralische Rede will nur Zustimmung. Sie fordert Gesinnung, akzeptiert Opportunismus, ist unfähig zur Dialektik. Wo alle einer Meinung sind, hat sich nicht die Wahrheit durchgesetzt, sondern die Feigheit.

19 – Wenn man mich fragte, was mir das Wichtigste sei, ich würde sagen: die Sprache. Ohne sie kann man nicht leben. In der Sprache ist immer bereits das „Du", das Reden mit Anderen. Wo wir nicht mehr reden, weil keiner antwortet oder weil wir voller Furcht sind, da ist ein Riss in unserem Leben. Das Verstummen der Antwort verstört uns als Individuen, die Furcht verstört uns als politische Wesen. Was Sprache ist erfährt man bewusst dann, wenn man eine fremde Sprache in einem fremden Land zu sprechen sucht und dabei die Schritte des Kindes tut, tastend, in einer Welt der Anderen, die nichts als Sprache ist. Teilhabe ist Sprache und Sprache ist Teilhabe. Deshalb wird jede weltanschauliche Rede so fürchterlich, weil sie nicht Teil-Habe ermöglicht, sondern Unterwerfung unter ein „Ganzes" fordert. Dieses „Ganz oder gar nicht" der weltanschaulichen Rede, die sich folgerichtig als moralisch erklärt, ist das Gegenteil einer menschlichen Rede,

die vom Teilen ausgeht, vom Teilen im Hin und Her des Gesprächs. Meine Zeit in England ist mir so zu einer großen Erfahrung geworden als Versuch der Teilhabe am Leben der Fremden, aber auch am Kosmos ihrer Kultur, der sich zur Erfahrung eines existentiellen Grundes weitet, in welchem die eigene Fremdheit weicht, wenn man ihre Gedichte liest, ihre lyrischen Stimmen von etwas sprechen, dem man zugehört, einer Menschenheimat, die sich in allen Sprachen öffnet: Man kann nur im Fremden wachsen, doch um zu wachsen, muss man davon sprechen.

20 – Am Ende bin ich bei der Geschichte angekommen. Warum? Weil ich verstehen wollte, was die Menschen „im Innersten" zusammenhält, was sie gleichwohl fortwährend gegeneinander treibt und sie dennoch daran hindert, sich auszulöschen. Es war eine Frage „existentieller" Unruhe, weit über die Frage nach dem Wie und Warum einzelner Ereignisse hinaus. Schlimmer war, dass ich keine Antwort zu finden vermochte. Allmählich begann ich einzusehen, dass es keine „empirische" Antwort gibt, dass man vielmehr gleich einem Geometer Vermessungspunkte setzt, von denen man Linien zieht, bis das ganze Terrain mit einem Netzwerk überzogen ist: Der Historiker ist ein Reisender, der keine Ankunft findet. Er setzt nur seine Begriffe und hofft, am Ende mehr zu kennen als diese.

5.2 Summa summarum

Geschichte als Öffentlichkeit

Der Historiker schreibt für alle, die nach Wirklichkeit verlangen. Es sind nicht viele, denn die Abkürzung durch Moralien (selbstverständlich „die frischesten") ist seit jeher komfortabler gewesen. Wenn „Geschichte" Wissen ist, nicht ein materielles Objekt wie ein Stück Holz, eine Handvoll Erde, dann ist das, was wir „Geschichte" nennen ein Wissen, welches wir heute haben. Deshalb beginnt historisches Denken im Heute als dessen Kritik, denn die Ordnung dieses Wissens, ihr „Haupttext", ist nichts als Interpretation (dessen, was aus einer Vergangenheit als Information überkommen ist) zum Zweck der Gegenwart bzw. der in ihr herrschenden politisch-moralischen Verhältnisse. Die Vergangenheit selbst dient lediglich als Subtext für die Präsentation des Heute. Dem politisch-moralischen Denken genügt das, weil es in Kurzzeit für Kurzzeit denkt, also in Vorteilen für Heute und solche Vorteile sind weder in der Vergangenheit noch der Zukunft zu holen. Dem historischen Denken ist an solchen Vorteilen wenig gelegen. Das historische Denken weitet sich daher von einer Kritik der Gegenwart zu einer der Vergangenheit, weil es stets derselben Frage nachgeht: Wie drücken sich die jeweiligen Opportunitätsverhältnisse der Macht im Verhalten der in einer Gesellschaft lebenden Personen aus, ihrem Verhalten, ihren Aussagen, Rechtfertigungen, Protesten? Historisches Denken will Wirklichkeit erfassen und die Wirklichkeit, das sind die sozialen Zustände der Macht wie deren Abdruck im Bewußtsein. Es zielt auf ein Wissen, das mit den geringsten Ansprüchen an die Moral auskommt. Nun gilt als Gesetz der Öffentlichkeit, dass vorhanden ist nur, wovon gesprochen wird. Entscheidend ist daher, wovon (wie) gesprochen wird. Die Vergangenheit den jeweils herrschenden Opportunitätsverhältnissen gemäß „sprechbar" zu machen ist Aufgabe der Geschichtspolitik. „Lernen" aus der Geschichte wird dann zu Frontalunterricht mit Repetitionscharakter, bei dem man immerhin klüger wird für Heute. Das Eigentümliche des historischen Denkens in der langen Zeit geht allerdings verloren, soll es auch, denn die lange Zeit ist ohne das historische Relativitätsprinzip nicht zu haben und nichts schreckt das moralische Jetzt mehr als die Vorstellung, es könne zeitbedingt, vergänglich sein. Das moralische Jetzt ist frageresistent – es findet in der Vergangenheit, was es bereits weiß. Historisches Denken hingegen strebt nach der Unerbittlichkeit des Begriffs, d. h. nach Begriffen, die der langen Zeit standhalten und ihren vielen Verfallszeiten der Moralien. Damit wird der Weg zur Theorie unabweislich: Historisches Denken weiß, wovon es sprechen kann, weil es weiß, wovon es nicht sprechen kann. Wenn Wissen stets zugleich ein Wissen um Grenzen sein muss, dann ist historisches Wissen eines, das auf anderes verweist, anstatt es zu unterschlagen. Die Philosophie führt das Gespräch fort, wo es die Historie – sei es als Historiografie, sei es als Theorie – nicht mehr zu führen vermag. Aus ihrer dialektischen Begegnung allein entsteht das Vermögen, „aus der Geschichte zu lernen": Wer moralisiert, argumentiert nicht. Er predigt. In der Geschichte ist zuviel gepredigt worden.

Geschichte als Wirklichkeit

Geschichte hat zwei Voraussetzungen: eine materielle, eine symbolische. Die materielle Voraussetzung besteht in der werkzeughaften Arbeit, welche

Natur in Ressourcen verwandelt und damit das menschliche Dasein sichert. Materiell ist Geschichte das Streben nach Sicherheit: des physischen Überlebens zuerst, eines kulturellen Mehr-als-Überlebens dann. Aus dem physischen Hier-und-Jetzt wird durch werkzeughafte Arbeit – bzw. die von ihr zunehmend erzeugten Überschüsse – das zivilisatorische Überschreiten des Physis-Horizonts hin zu einem Leben in der reflektierten Zeit, in der die Zukunft in die Vergangenheit einbricht, in der sie Gedanke wird. Die Erzeugung des Mehr-als-Überlebens erzwingt die Überwindung des bloßen Lebens auf die „Zukunft" hin und also auch die Frage nach Sicherheit in der fremden Zeit. Aus dem Materialismus des Mehr entsteht das Problem des Umgangs mit den Überschüssen: als deren Verwandlung in handelbare „Wirtschafts"-Güter, als deren Aneignung durch Wenige, die durch Verteilung Macht gewinnen bzw. als Konflikt um Macht als Verteilungskompetenz. In diesem Konflikt wird die Gewalt zur Entscheidungs-Größe: „Herrschaft" formt sich aus als Überlegenheit in der Gewaltverfügung. Doch Herrschaft muss sich auf zweierlei Überschüssen gründen, um stabil zu werden: auf den materiellen wie den symbolischen, wie sie sich aus dem zivilisatorischen Überschreiten des Physis-Horizonts ergeben. Bereits im Menschenblick auf diesen Horizont erzwingt der Tod sich Bewußtheit im Vermögen der Transzendenz, das sich weitet im Deutungs-Raum der Zivilisation, die den Menschen in immer differenziertere Auslegungen des Seins einschließt, in denen Natur, Mensch, Herrschaft, Tod, Göttliches in einem komplexen Zusammenhang eingebunden werden. Dieser symbolische Überschuss ist für die Herrschaft so wichtig wie der materielle, weil der in Zivilisation lebende Mensch „Mehr" will als nur Dasein, weil er Bedeutung will, „Sinn", und zwar für sich sowohl wie für die Gesellschaft (in der er nicht sinn-los existieren könnte ohne zu rebellieren). Das Symbolische artikuliert sich in Riten, Normen, Handlungen, in Religion, Kunst, Literatur, es gründet auf dem Materiellen, transskribiert es, transformiert es (in Symbolbauten etwa). Herrschaft, das Politische im weitesten Sinne, ist die variable Organisation des Materiellen und Symbolischen unter der Bedingung der Gewalt. Sie ist ein hierarchisches Gefüge mit Befehlspotential, das von Gewaltkompetenz, Verteilungskompetenz, Moralkompetenz getragen wird. Greift die Gewaltkompetenz unmittelbar auf den Körper zu (mit dem Extrem des physischen Todes), so zielt die Moralkompetenz mittelbar auf das Bewußtsein (mit dem Extrem des sozialen Todes). Die

Verteilungskompetenz hingegen umschließt Materielles wie Symbolisches, die Zuteilung von Gütern, Privilegien, Posten, Ehren. Liegt sie gänzlich in der Verfügung der Herrschaft, so ist diese despotisch. Je pluraler sie wird, d. h. je mehr die Gesellschaft aus dem Zustand bloßer Untertanen heraustritt, desto demokratischer wird die Herrschaft, weil ihr eine wesentliche Kompetenz (teilweise) verloren geht. Das hat Rückwirkungen auf die anderen Kompetenz-Verfügungen. Der Konflikt um solche Verfügungen formt dann die Geschichte, in den Ereignissen wie Strukturen, deren umfassendste die Zivilisation darstellt. „Zivilisation" ist die lange Dauer einer sozio-kulturellen Sinn-Ordnung über alle Umbrüche der Ereignisgeschichte hinaus, oder anders gesagt: Zivilisation ist das, was als Werte-Gefüge die Gewalt übersteht. Sie vermag das, weil sie „Sprache" ist, Kommunikation im Kontext einer Tradition, die träge sein muss, ohne unbeweglich werden zu dürfen. Sie vermag es aber auch, weil „Gesellschaft" sie realisiert, immer wieder, eine Gesellschaft, die von Herrschaft geordnet wird, einer Herrschaft, in der die Gewalt domestiziert worden ist, in den Verfallszeiten der politischen Geschichte. Gesellschaft wäre dann der (fortwährende) Versuch einer (unterbewußten) Organisation der Dauer in den (bewußten) kurzzeitigen Abläufen des (politischen wie sozialen) Konflikts um (materielle wie symbolische) Ressourcen. Arbeit und Gewalt bilden dabei die dialektischen Kräfte des historischen Prozesses, mit der symbolischen Dimension des Zivilisatorischen als integrierender Sinnerzählung. Arbeit und Gewalt interagieren in unterschiedlicher Weise: deshalb gibt es Geschichte als Prozess. Im Produktionszusammenhang der Agrargesellschaft und ihrem radikalen Knappheits-Zustand des Hungers bleibt die Technik eine kaum bewegliche Kategorie. Die Gewalt agiert als Dominante und auf Gewalt und Hunger, d. h. die Präsenz des Todes, reagieren die Weisen der symbolischen Konstruktion in Riten, Kunst, Schauspiel, Religion. Mit der Industrialisierung kehrt sich diese Konstellation um. Die Technik wird zur zivilisatorischen Dominante, die soziale Welt wird technomorph, die Natur wird zur unbegrenzt erschließbaren Ressource, der Mensch als Materie technisch erfassbar, in seinem Gehirn wie seinem Körper: Die Dominanz der Technik ist der Sieg der Zivilisation (als einer Konstruktions-Unternehmung) über die Natur (als eines gleichgültigen Gegenüber) in einer Geschichte, die weitergeht.

Geschichte als Konstrukt

Zivilisation ist die stete Zunahme von Komplexität. Leben ist das stete Bemühen um Minderung von Komplexität. Komplexität ist ein Vorgang, nämlich der einer vielfachen, zunehmenden Abhängigkeit, also eines Handelns, welches in einem Wirkungsgeflecht stattfindet, das in seinen Wechselwirkungen (für die Handelnden) nicht länger überschaubar ist, d. h. keine einfache Kausalität mehr besitzt. Da Leben aber nur in der Abschätzbarkeit von Kausalitäten handlungsfähig bleibt, werden diese institutionell (durch den Staat), aber auch psychisch (durch das Vertrauen) substituiert. Komplexität ist ein Vorgang der Zivilisation, der durch die Kinesis gebrochen werden kann: Vor der Gewalt wird alles einfach. Handeln ist demnach die Simulation von Kausalitäten im Zustand komplexer Wechselverhältnisse. Der Historiker „handelt" nicht anders. Die von ihm zu „behandelnde" Geschichte wird erst durch eine eingrenzende Fragestellung darstellbar. Der Schritt zur Theorie hingegen ist grundsätzlicher Art. Auf die Feststellung der Kategorien, d. h. jener Minima, ohne welche es den Gegenstand der Untersuchung nicht geben könnte, folgt die Frage ihres Verhältnisses zueinander, zuerst abstrakt bzw. „symmetrisch", dann historisch bzw. „relativistisch", d. h. als Frage, wie sich diese symmetrische Entfaltung in ein Netzwerk einfügen könnte, das in den Narrativen der Historiografie wirksam ist. Zunächst zu den Kategorien. Die Technik ist die erste, denn sie ist es, welche aus dem Menschen als Lebewesen unter Lebewesen eine Kultur schaffende anthropologische Daseinsweise werden lässt. Technik ist die Verbindung von Arbeit, Gerät, Wissen, ihr Ergebnis das Mehrprodukt, die Naturdistanz, die Kunst, die Zivilisation. „Arbeit" wäre dann „Kraft mal Werkzeug" bzw. „Kraftmaschine mal Werkzeug" als universalhistorischer Potenz. Es folgt die Gewalt, die den Menschen in ähnlicher Weise konstituiert wie die Arbeit, indem sie nämlich Technik zur Anwendung bringt und also die Menschengewalt von der tierischen abhebt. Gewalt ist ein Konstrukt aus Waffe und Organisation zum Zweck der Destruktion, ihre Effekte sind Krieg, Herrschaft, Staat, Politik. „Gewalt" wäre also „Kraft mal Waffe" bzw. „Kraftmaschine mal Waffe", auch hier mit der universalhistorischen Potenz des Wechsels von der lebendigen zur toten Energie. Da jedoch Technik wie Gewalt soziale Phänomene sind, wird die Sprache als Medium der Vermittlung wesentlich. Sprache ist

„Verständigung", zwischen jeweils bestimmten Einzelnen und „den Anderen" wie zwischen Menschen und „dem Anderen", dem Überindividuellen, das in einer Art zirkulärer Kommunikation als Deutung in die Sprache eingebracht wird. Dieses Überindividuelle kann ein Nichtmenschliches sein (die Natur, das Numinose, die Gottheit) aber auch ein Kollektivabstraktum (die Civitas, die Herrschaft, die Gerechtigkeit). Das Ziel von Sprache ist Friede, Sicherung der Gemeinschaftlichkeit. Damit führt sie fort zur Sicherheit als dem alles übergreifenden Zweck sozialen Handelns, den die Gewalt zwar bedroht, doch nie endgültig zerstört, denn dann – ohne Gesellschaft – wäre sie selbst nicht mehr vorhanden. Die Gewalt zu zähmen bildet das Gründungsereignis der Politik, von dem sie nicht loskommt und das ständig in (Ereignis-)Geschichte mündet. Gelänge es, die Sicherheit als Funktionszuweisung für alle anderen Kategorien endgültig zu fixieren, d. h. in einer reversiblen Zeit festzulegen und alle Innovationen, unvorhersehbaren Ereignisse zu eliminieren, wäre die Symmetrie vollkommen. Da dies nicht gelingt, differenzieren sich die Kategorien zu einer Vielzahl unterschiedlicher Faktoren, die in Netzwerken interagieren, „Strukturen" ausbilden, in denen die irreversible, „historische" Zeit wirksam ist, in unterschiedlicher Verdichtung (z. B. von „der Agrargesellschaft" bis zur „Agrargesellschaft des Veneto im 17. Jahrhundert"). Historisches Denken wird damit zu einem Gebäude mit Treppen, die verschiedene Ebenen des begrifflichen Zugriffs verbinden, erschließen: Es ist die Entschiedenheit des Fragens, von der die Eindringlichkeit der Antworten abhängt.

Geschichte als Philosophie

Der Mensch ist ein Zufall, der sich als Sinn einfordert: Das gilt für den Menschen als Gattung (in Bezug auf die Evolution) wie als Individuum (in Bezug auf die Gesellschaft). Die Frage nach „Sinn" ist eine Frage nach „Zeit", denn das Bewußtsein, das nach Sinn fragen kann, konstituiert sich aus der Erfahrung der Zeit im Ersten Wissen von der Einmaligkeit des Lebens als Verlauf zwischen Geburt und Tod. Diese Erfahrung der Zeit ist die einer Kurzzeit, zusammengesetzt aus unzähligen, doch endlichen Kürzestzeiten, Gegenwarten, die im Körper gründen, jedoch Zusammenhang gewinnen durch die soziale Zeit, d. h. den Zusammenhang mit Anderen und Anderem. Der Mensch lebt in der Einsamkeit seines Körpers und der

Geselligkeit der Gesellschaft zugleich. Er gelangt dabei zur Frage nach Sinn, als Gattung (etwa mit der Antwort einer Schöpfungs-Vorstellung), als Individuum (etwa mit der Antwort einer Guten Gesellschaft). Der Mensch ist einer, der sich selbst erklären will, doch damit an kein Ende kommt, weil er von sich ausgeht, um sich selbst zu verstehen, also in einem Zirkel der Selbstbezüglichkeit eingeschlossen bleibt. In den anthropologischen Gesten des werkzeughaften Ausgreifens über die Physis hinaus, des zeichenhaften Ausgreifens der Sprache als Erinnern, Reden, Denken, Schreiben gewinnt der Mensch das Vermögen eines Transzendierens des bloß Physischen, welches die Vorstellung nährt, in einer göttlichen Offenbarung diesen Zirkel verlassen zu können. Das historische Denken wird diese Vorstellung nicht teilen, gleichwohl das Vermögen der Transzendenz als ein zutiefst menschliches anerkennen. Die Fähigkeit des Überschreitens bleibt elementar für die Bewegung, Beweglichkeit des menschlichen Geistes, der menschlichen Kultur überhaupt: Sie ist es, welche die Gesellschaft „weich" werden lässt, offen für Veränderung, Entwicklung, Differenzierung. Doch so, wie das Überschreiten den Zirkel der Selbstbezüglichkeit nicht aufbrechen wird, so wird es auch die Tradition nicht zerstören, in welcher es jeweils gründet, denn alles Leben wie alles Denken wäre nicht möglich, wenn es nicht seinen Anfang in einem bereits Vorhandenen besessen hätte. Es gibt nichts ohne Voraussetzung, es gibt keine Geschichte ohne Vorgeschichte, es gibt keine Politik ohne Geschichte. Die Geschichte ist eine Bedingung, die nicht abschaffbar ist: Keine Gewalt, keine Revolution hat es je vermocht. Das historische Denken reflektiert dies als Wissen von Grenzen, historischen, d. h. solchen, die jedem Handeln in einem bestimmten Raum-Zeit-Kontext gesetzt sind. Historische Grenzen werden zu philosophischen, weil sie das politische Handeln als Überschreiten im Streben nach „Sinn" anerkennen, um es sogleich darauf zu verweisen, dass jeder Versuch, über „killing fields" in die Nachgeschichte einzutreten, nicht nur barbarisch ist, sondern schlichtweg vergeblich. Die Geschichte hat uns, doch sie hat uns nicht ganz. Das ist unsere Freiheit wie unsere Verantwortung. Die „gute Gesellschaft" wäre dann eine, in der man kritisch sein kann, ohne radikal werden zu müssen. „Kritik" ist historisches Denken, das zum philosophischen Denken hin offen bleibt: Philosophisches Denken ist ein Denken, das die Sterblichkeit des Menschen bedacht hat. Historisches Denken ist ein Denken, das die Sterblichkeit der Gesellschaft bedenkt.

Geschichte als „Gesetz"

Die Mathematik gilt als der reine Ausdruck der Vernunft, weil sie alle Prämissen definiert. Dieses Faszinosum des genauen Denkens strahlt bis heute auf jene Wissenschaften aus, deren Exaktheit als Effekt ihrer Definiertheit, Definierbarkeit erscheint. Hingegen ist eine Sozialwissenschaft „more geometrico", eine „Soziale Physik" nie erreicht worden: Man kann zwar die Symmetrie des Sozialen durchaus denken, der Asymmetrie des Wirklichen jedoch vermag diese nicht standzuhalten. Asymmetrie ist Verwandlung der Zukunft in Kurzzeit durch Gewalt und Technik. Geschichte ist ein dynamisches, komplexes System und als ein dynamisches erhöht es die Futurität (d. h. die Vielzahl nicht kalkulierbarer, weil nicht voraussehbarer Ereignisse und Zustände), wobei es wiederum an Dynamik, damit an Komplexität gewinnt. Es ist dynamisch, nicht statisch-symmetrisch, weil es zur Umwelt hin nicht abgeschlossen ist und es ist nicht abgeschlossen, weil das menschliche Gehirn kein abgeschlossenes System ist: Wäre es das, so hätte die Evolution die Menschengattung wohl längst ausselektiert. Die Lernfähigkeit als Ergebnis einer Offenheit von Komplexität (des Gehirns) führt in die Dialektik von Mensch und Natur, in die Kultur selbst als eines dialektischen Prozesses, der mit wachsender Komplexität eine wachsende Potenz des Möglichen, ein wachsendes Potential an Information verfügbar werden lässt, zugleich eine wachsende Marge an Unübersichtlichkeit hervorbringt. Die Möglichkeit des Möglichen expandiert und mit ihr die Asymmetrie, die Irreversibilität der Zeit. Deshalb ist es unmöglich, sichere Aussagen über die Zukunft zu machen. Ein dynamischer Verlauf ist als chaosnahe nicht voraussagbar, allenfalls in Szenarien abzuschätzen. Doch bleibt ein Gefüge erhalten, das die Formulierung allgemeiner Sätze zulässt. Die Welt bleibt schwierig. Wer sie einfach machen will, bedroht sie mit Zerstörung. Historisches Wissen hat nicht nur den Zweifel als Grenze, sie wäre ohne ihn nicht vorhanden: Man muss etwas wissen – und dabei beunruhigt bleiben.

Zunächst zu den Voraussetzungen historischen Wissens:

Methodologischer Relativitäts-Satz

Wenn es zwei gesellschaftliche Bezugssysteme gibt, ein bewegtes, ein ruhendes, dann muss die Betrachtung aus dem bewegten auf das ruhende System eine andere sein als die Betrachtung des bewegten im bewegten, des ruhenden im ruhenden: Aussagen aus der bewegten eigenen Gesellschaft mit offener Zukunft sind damit stets relativ in Bezug auf eine ruhende Gesellschaft, deren Zukunft bereits Vergangenheit, d. h. Wissen geworden ist.

Historischer Relativitäts-Satz

Jede Gesellschaft bildet in ihrem jeweiligen zivilisatorischen Raum-Zeit-Kontext eine ihr eigentümliche Struktur aus Gewalt, Technik, Sprache, Sicherheit, deren symbolischer Ausdruck eine diese legitimierende Moralerzählung ist.

Irreversibilitäts-Satz

„Geschichte" ist das Maß für Irreversibilität: von Geschehnissen, Abläufen, Zuständen. Unumkehrbar ist etwas, weil es auf das Folgende eingewirkt hat, dieses also ohne sein Vorhergehendes nicht vorhanden wäre, d. h. ein Austausch von Früher und Später unmöglich bleibt.

Entwicklungs-Satz

Geschichte als Entwicklung ist einem Evolutionsbaum vergleichbar, mit einer Vielzahl soziokultureller „Experimente", einer Art Versuchsanordnung, in welcher die Gattung Mensch sich in der Natur souverän zu machen sucht.

Zukunfts-Satz

„Zukunft" ist das, was man nicht weiß, weil man es nicht erwartet. „Vergangenheit" ist das, was man weiß, weil es keine Zukunft mehr besitzt. „Geschichte" als Prozess ist die unentwegte Verwandlung von Zukunft in Vergangenheit, sie ist ein Vorgang der Entstehung und Ablagerung immer neuer Informationen. Sie ist die fortwährende Hervorbringung von Wissen durch Handeln im Ungewissen, Unwissen.

Historiografie-Satz

Geschichtsschreibung ist die sprachliche Rekonstruktion vergangenen Handelns aus dem Zusammenhang der gesellschaftlichen Machtverhältnisse, in dem es erzeugt und mit Bedeutung versehen wurde. In Distanz zu den gegenwärtigen Machtverhältnissen sucht sie Erkenntnis zu realisieren, d. h. nicht nur jeweils das zu sagen, was der die Sprechverbindlichkeit vorgebenden Fable convenue entspricht.

Dann die Folgerungen:

Symmetrie-Satz

Eine Gesellschaft ist im Gleichgewicht, wenn alle ihrer Mitglieder im Zustand völliger Sicherheit leben, physisch wie psychisch, und also Zukunft – als Ungewissheit – nicht vorhanden ist.

Asymmetrie-Satz

Keiner Gesellschaft gelingt es, ihr Symmetrie-Ziel zu erreichen, weil weder der soziale Konflikt um knappe (materielle wie symbolische) Ressourcen endgültig stillzustellen ist, noch es gelingt, die Zukunft abzuschaffen.

Sozialer Erhaltungs-Satz

Das elementare Streben allen Lebens nach Sicherheit führt zu Vergesellschaftung: stets und immer wieder. In diesem Streben gründet die Eigenschaft der sozialen Selbstorganisation.

Politischer Erhaltungssatz

Die Entstehung eines stapelbaren Mehrprodukts durch werkzeughafte Arbeit führt zu Herrschaftsbildung: stets und immer wieder. Aus dem Vorgang der Aneignung und Zuteilung des Mehrprodukts formt sich die herrschende Klasse.

Sozialer Entropie-Satz

Gesellschaft ist beweglich, solange ihr Information und Energie zugeführt wird. Sie erstarrt, wird reaktionsunfähig, zerfällt schließlich, wenn eine solche Zufuhr auf längere Zeit unterbleibt.

Energie-Satz

Der Umfang an Energie-Verfügung bestimmt den zivilisatorischen Entwicklungsgrad einer Gesellschaft, wobei der strukturelle Übergang von der lebendigen zur toten Energie entscheidend wird.

Technik-Satz

„Technik" ist die Weise, in der sich Menschen in Distanz zur Natur bringen. Durch diese Erzeugung von „Kunst" erzeugen sie sich selbst, indem sie eine kulturelle Umwelt herstellen, die ohne sie nicht vorhanden, ohne welche sie nicht vorhanden wären. Die Dynamik der Technik ergibt sich aus der

Stellung der sie realisierenden Gruppen in der Gesellschaft, d.h. aus der Ehre – oder Verachtung – der Arbeit.

Schließlich die Abläufe:

Herrschafts-Satz

Herrschaft als Fähigkeit, anderen befehlen zu können, gründet auf Gewalt und Autorität. Gewalt ist das Vermögen, Gehorsam physisch zu erzwingen, Autorität ist das Vermögen, Gehorsam wie selbstverständlich – ohne unmittelbaren Zwang – zu erhalten. Je weniger Gewalt eine Herrschaft benötigt, desto gefestigter ist sie. Verliert sie an Autorität, steigt die Notwendigkeit für Gewalt. Wird die Autoritätslinie von jener der Gewalt dauerhaft durchbrochen, kommt es zur Kinesis.

Kinesis-Satz

Herrschaft als soziale Funktion: Sicherheit zu gewährleisten, zerfällt, wenn ihre beiden Bedingungen zerfallen: die überlegene Fähigkeit zur Gewaltausübung, die überlegene Fähigkeit, Autorität zuerkannt zu bekommen. Wenn Herrschaft zerfällt, kehrt die Gewalt in die Gesellschaft zurück: als Despotie, als Bürgerkrieg.

Elite-Satz

In jeder herrschaftlich geordneten Gesellschaft setzt sich eine Minderheit über die Mehrheit, weil Wenige leichter zu organisieren, leichter zu ideologisieren sind als Viele. Die Kompaktheit von Organisation und Ideologie schafft Überlegenheit im sozialen Handeln gegen heterogene Viele und ermöglicht damit die Aneignung von Entscheidungskompetenz, welche als Hierarchie etabliert und verteidigt wird. Eine Elite ist das soziale Vollzugsorgan der Herrschaft, mit der sie die herrschende Klasse bildet. Gelingt dabei die Oligarchisierung, d.h. die Abwehr des sozialen Aufstiegs und die Korrumpierung der politischen Ordnung, so führt dies längerfristig zu sozialer Stagnation und moralischem Zerfall.

Korruptions-Satz

Politik ist der Wille zur Macht, d.h. der Wille, mehr zu sein, mehr zu gelten als andere, teilzuhaben an ihrem Gehorsam und also teilzuhaben an den Institutionen des Gehorsams, an der Herrschaft wie deren materiellen und symbolischen Effekten: Es gibt weder Demokraten noch Despoten, es gibt lediglich Umstände, welche das eine erzwingen, das andere ermöglichen. Der unvermeidlichen Korrumpierung durch Herrschaft ist nur teilweise und doch stetig zu wehren durch das Aufbrechen der Tendenz zur elitären Abschottung und durch die Erzwingung von Umständen, welche Despotie verhindern.

Doppelungs-Satz

Jede herrschaftliche Ordnung erfüllt eine soziale Aufgabe, sonst zerfällt sie. Als Hierarchiegefüge reduziert sie Komplexität auf Entscheidungskompetenz, ermöglicht politisches Handeln, d. h. in Kurzzeit. Als Sicherungsgefüge reduziert sie Ungewissheit auf Verhaltenssicherheit, minimiert Gewalt, maximiert Erwartbarkeit durch Regeln und Regelkontrolle. Doch jede Funktion von Herrschaft besitzt einen Doppelungs-Effekt: Herrschaft stabilisiert sich auch selbst bzw. die herrschende Klasse, die Moral, das Recht erfüllen nicht nur soziale Ordnungsaufgaben, sie festigen und feiern auch die Position jener, die Macht besitzen, sie genießen und behalten wollen.

Rechts-Satz

Der soziale Zweck von Recht ist die Sicherheit als Minimierung von Gewalt durch eine kommunikative Regelung von Konflikten in einem institutionellen Rahmen. „Recht" ist das, was in einem bestimmten historischen Kontext (aus Machtlage und Morallage) als solches gesetzt und (durch Rechtsprechung) durchgesetzt wird. Wenn es denn ein „Recht über dem Recht" geben kann, dann das auf Sicherheit im Zusammenhang einer herrschaftlich verfassten Gesellschaft, deren konstruierendes Prinzip eben diese Sicherheitsleistung ist. Alles andere wird zum Derivat der politischen „Umstände".

Diskurs-Satz

Ohne Herrschaft im Diskurs ist Herrschaft nicht stabil. Sie erwirbt Dauer nur, wenn sie die aus der Definition von Böse und Gut hervorgehende, jeweils regulative Moralerzählung auf sich beziehen kann. Herrschaft braucht Pathos: Ohne Pathos-Verfügung keine Diskurs-Verfügung, weil Pathos das Emotionale im Menschen erregt und also das Irrationale verfügbar werden lässt. Aus der Pathos-Verfügung (das Böse bestimmt das Gute: uns) ergibt sich die moralische Deduktion in Form apologetischer wie kontaminierender Begriffe, mittels derer sich die gesellschaftliche Kommunikation herrschaftlich durchdringen lässt.

Ceteris-Paribus-Satz

Wissen können wir, irren müssen wir. Da kein Wissen vollständig sein kann, bleibt es relativ, offen für ein Wissen vom Nichtwissen. Weder weiß ein Mensch, was er alles wissen könnte, noch vermag er zu wissen, was künftig gewusst werden wird. Absolutheit des Wissens wäre dessen finale Eindeutigkeit. Diese jedoch gibt es nur an der Mündung eines Gewehrlaufs.

Literatur-Hinweis

Der vorliegende Text ist das Ergebnis von Jahren des Nachdenkens über Geschichte. Hier die Schritte:

- Ursprünge der Zukunft. Die Geschichte der Technik in der westlichen Zivilisation, Paderborn 2006
- Die Geschichte der sozialen Sicherheit, Stuttgart 2008
- Geschichte der Gewalt. Krieg – Revolution – Terror, Darmstadt 2010
- Von der Erinnerung zur Erkenntnis. Eine neue Theorie der Geschichte, Darmstadt 2012